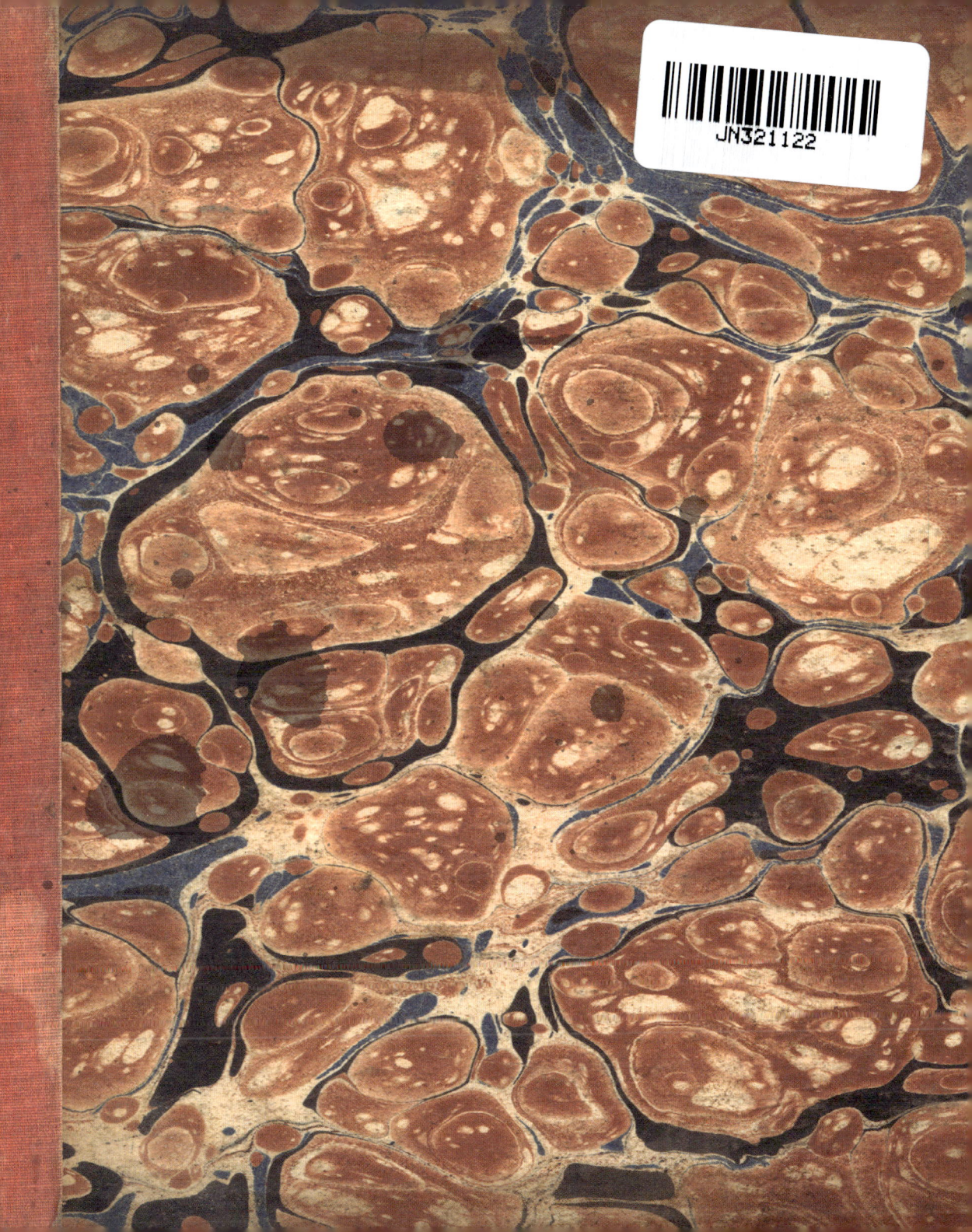

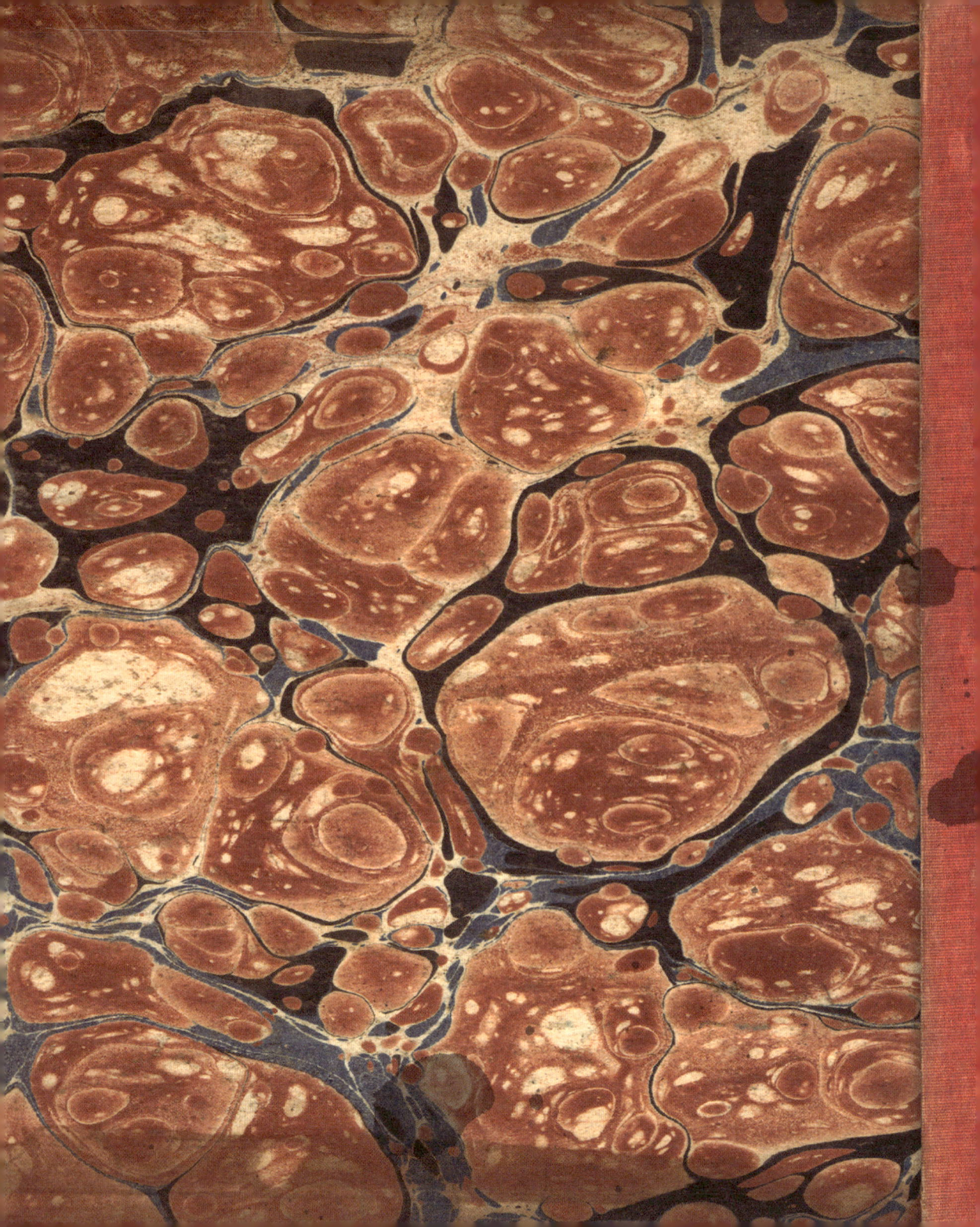

ドラゴン学入門

21課のドラゴン学講義

編集
ドゥガルド・A・スティール，S.A.S.D

THE SECRET AND ANCIENT SOCIETY OF DRAGONOLOGISTS
この本の持ち主

神秘といにしえのドラゴン学者協会（S.A.S.D）

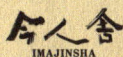

今人舎
IMAJINSHA

添付の封筒に、諸君を「神秘といにしえのドラゴン学者協会」の仲間として承認するカードが入っている。必ず右ページの誓いにサインをしてから、カードに自分の写真を貼り、個人情報を書きこむこと。

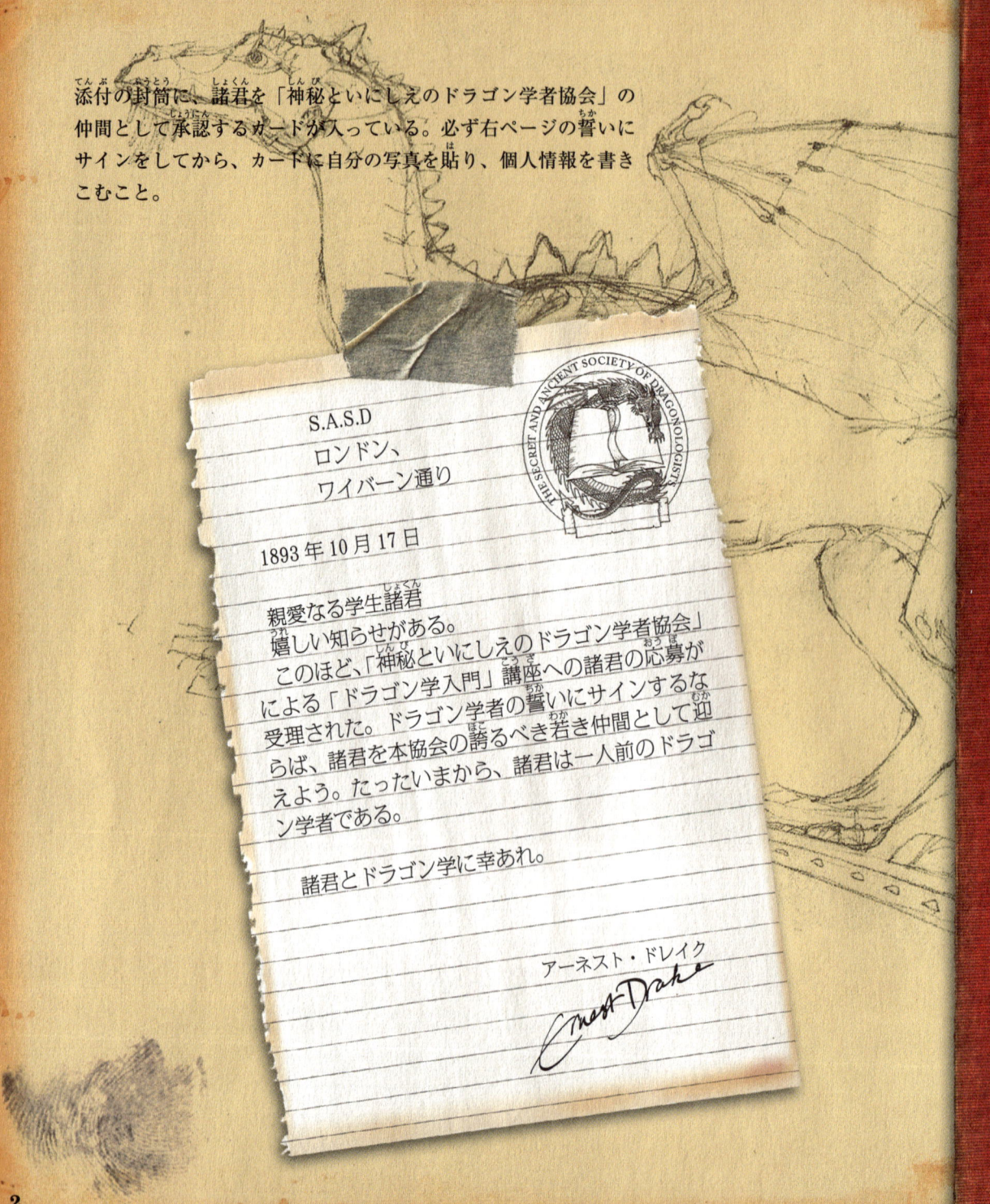

S.A.S.D
ロンドン、
ワイバーン通り

1893年10月17日

親愛なる学生諸君
嬉しい知らせがある。
このほど、「神秘といにしえのドラゴン学者協会」による「ドラゴン学入門」講座への諸君の応募が受理された。ドラゴン学者の誓いにサインするならば、諸君を本協会の誇るべき若き仲間として迎えよう。たったいまから、諸君は一人前のドラゴン学者である。

諸君とドラゴン学に幸あれ。

アーネスト・ドレイク
Ernest Drake

ドラゴン学者の誓い

私は、以下のことをここにおごそかに誓います。

- いまだこの世に生き残るドラゴンを保護すること
- 決してドラゴンを傷つけないこと
- ドラゴンの存在を信じない者や、ドラゴンを富を得る手段としてしか見ない者に、ドラゴンがひそむ秘密の場所を教えないこと

サイン ....

日付 ....

WORKING WITH DRAGONS
A COURSE IN DRAGONOLOGY

This edition produced in 2004 by TEMPLAR PUBLISHING,
An imprint of The Templar Company plc,

Designed by Jonathan Lambert and Nghiem Ta

Japanese translation rights arranged
through Toppan Printing Co., Ltd.
Japanese edition published by Imajinsha Co., Ltd., Tokyo, 2009
Manufactured in China

発行者注記：2003年に発行されたアーネスト・ドレイク博士の著書『Dragonology』（日本語版『ドラゴン学　ドラゴンの秘密完全収録版』）が、ドラゴン研究への興味の引き金となり、その後、ドレイク博士の新たな著書を求めて、古書店や屋根裏部屋などで大捜索が行われた。入門者向けの本書は、エジンバラにあるザ・キャニー・ラッドという古い酒場の本棚で発見された。ドレイク博士が実在した人物であるかどうかについてはまだ何とも言えないが、彼の存在を裏付ける証拠は増えつつある。

たとえそのドラゴンと仲がよくても、
課題を手伝ってもらうときの危険性を、
決してあなどってはいけない。

講座案内

⚜初級ドラゴン学

⚜中級ドラゴン学

⚜上級ドラゴン学

前書き

ドラゴン学に関して、基本的かつ徹底した教科書が長年求められてきた。ドラゴン学を追求せんとする学生諸君は、この１冊で、役に立つ情報や実用的な実験・練習方法とともに、ドラゴン学の基礎を学ぶことができるはずである。

本書は、私がまとめた『ドラゴン学　ドラゴンの秘密完全収録版』の姉妹編である。今回はとくに、基礎的な教育を受けたい学生や、「神秘といにしえのドラゴン学者協会（S.A.S.D.）」の一員として、ドラゴンの保護という生涯の仕事を始めんとする若い学生のために用意した。きちんと訓練を受けたドラゴン・マスターがいない場合に、本書が学生たちに確固たる基礎を教えることができれば幸いである。

いにしえの格言いわく、「生徒に準備ができたとき、師匠が現れる」。この講座の目的は、確実に、学生たちをできるだけ準備ができた状態にすることである。

講座案内の通り、この講座には１～２１課の講義をもうけ、それらを達成度によって３つのレベルに分けてある。各講義を終えるには、それぞれ１時間ほどかかる。

本書は、S.A.S.D.のメンバーとなることで、ドラゴンの研究に貢献できると考える者たちに向けて発行されている。本講座を見事修了すれば、諸君をドラゴン学士やドラゴン博士なみにならしめるであろうさらなる教育を受ける資格が得られるだろう。インタビューや親しいドラゴンを推薦するように求められて、それがままならないほど忙しくなる可能性はあるが……。

どんな学生もこの講座の課題に取り組むことができる。ただし、ドラゴン学者の誓いにサインする覚悟があるならば、である。講座を修了したあかつきには、本書の最後に添付された修了証が諸君のものとなる。

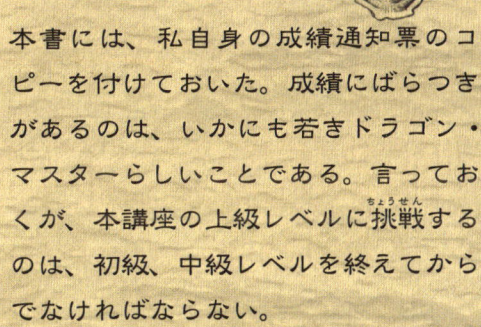

本書には、私自身の成績通知票のコピーを付けておいた。成績にばらつきがあるのは、いかにも若きドラゴン・マスターらしいことである。言っておくが、本講座の上級レベルに挑戦するのは、初級、中級レベルを終えてからでなければならない。

諸君の成功を祈ってこの前書きを終えるとともに、ドラゴン学の私の講座を楽しみ、続けてくれることを願う。

アーネスト・ドレイク

Ernest Drake

1893年6月1日

迅速なる翼で竜が飛ぶは
遥か彼方未知の空
山の絶壁、古代の森越え
守るは貯めに貯めたり秘蔵の黄金
その姿を見出し、その名を呼べば
火炎を噴き出し応えていわく
「汝、我が友ならば、我がすみかに入られたし
汝、我が敵ならば、やめておくが賢明ぞ」

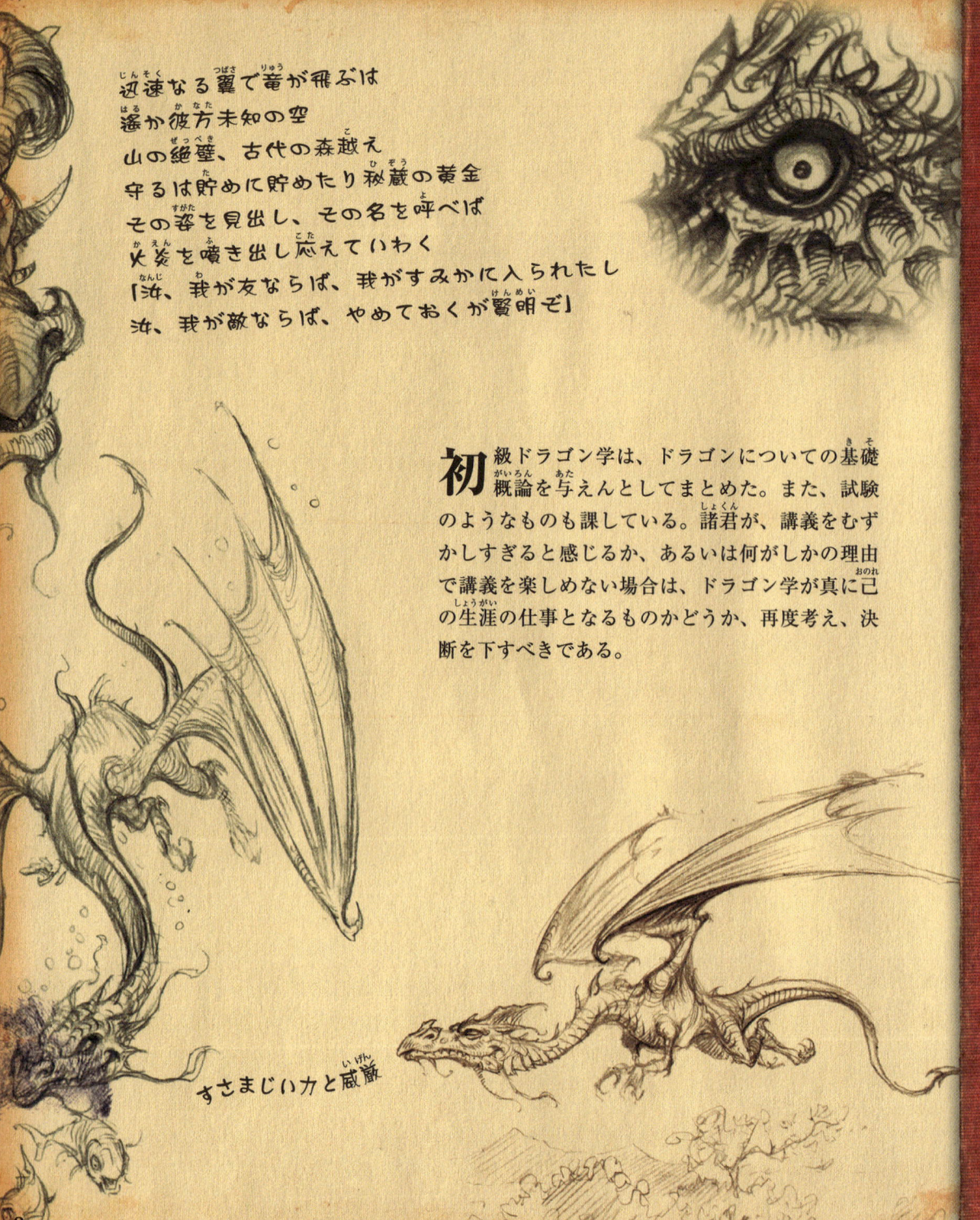

初級ドラゴン学は、ドラゴンについての基礎概論を与えんとしてまとめた。また、試験のようなものも課している。諸君が、講義をむずかしすぎると感じるか、あるいは何がしかの理由で講義を楽しめない場合は、ドラゴン学が真に己の生涯の仕事となるものかどうか、再度考え、決断を下すべきである。

すさまじい力と威厳

初級ドラゴン学

第１課～第７課

来たりて我らドラゴンの呼び声に耳を傾けよ！

第１課　その１
西洋のドラゴン紹介

ドラゴンは、トカゲに似た巨大な爬虫類であり、多くの種類がいる。諸君が遭遇するかもしれないさまざまなドラゴンをすべて認識するには、標準類型のものと比較することが有効である。最も比較に適しているのは、一般的な西洋のドラゴンである、ヨーロッパドラゴン（ドラコ・オッキデンタリス・マグヌス）である。

2翼のコウモリのような翼
うろこに覆われた皮膚
巨大な頭部
4本のかぎ爪
「矢じり」のような形の尾
尾についたとげ

ヨーロッパドラゴン

ドラコ・オッキデンタリス・マグヌス

- **すみか**：山か、海の洞窟。
- **体のサイズ（成獣）**：体長 13.7 メートル、体高 4.0 ～ 5.1 メートル。
- **体色**：赤、緑、黒、金。
- **攻撃法**：炎、尾、かぎ爪、角。
- **食べ物**：ウシ、ヒツジ、人間（人間を食べるのは、他の食べ物が手に入らない場合に限る―苦みがあるため）。

これらは、ヨーロッパドラゴンのさまざまな部位を詳細に描写したものである。

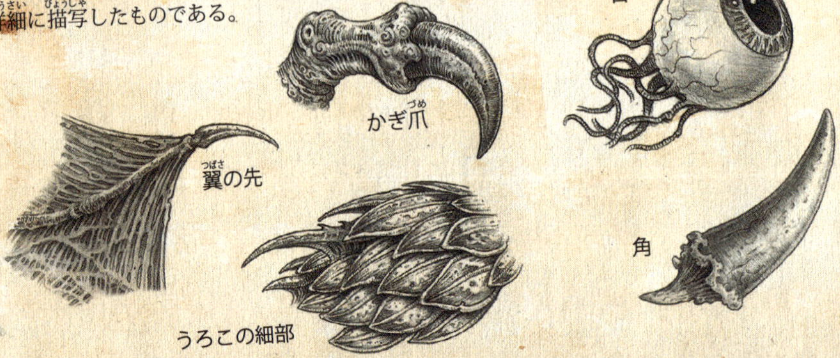

かぎ爪
目
翼の先
角
うろこの細部

ドラゴンの野外調査では、異なる種のドラゴンについて、生息地や行動を含めた記録をとることが必要である。ガーゴイル（ドラコ・オッキデンタリス・ミニムス）は、ヨーロッパドラゴンと同じ場所に生息する。幸いなことに、これら２種は簡単に見分けがつく。

ヨーロッパ

ガーゴイル

ドラコ・オッキデンタリス・ミニムス

フランスのガーゴイル（現地ではガルグイユとも呼ばれる）は非常に一般的なドラゴンだが、見つけにくい。気づかれないように、体を擬態させ、こずえの間に隠れたり、城や大聖堂の壁にとまることができるのだ。

- ♣**すみか**：岩肌の絶壁、ゴシック建築の屋根。
- ♣**体のサイズ（成獣）**：体長4.6メートル、体高2.4〜3.0メートル。
- ♣**体色**：濃い青みがかった灰色、緑。
- ♣**攻撃法**：かぎ爪で引き裂く、高所から落とす。
- ♣**食べ物**：ウサギ、コウモリ、ネコ。

一般的なドラゴンの体の色

赤
黒
金
緑
青
茶

野外調査の際には、以下の表の空欄を埋めて、２種のドラゴンを比較するとよい。

脚の数	：	尾はうろこ状か	：○／×	細身	：○／×
翼の数	：	体は羽毛状か	：○／×	ずんぐり	：○／×
足指の数	：	体はうろこ状か	：○／×	体色	：
角の数	：	たてがみ	：有／無	体長	：
尾は羽毛状か	：○／×	触角	：有／無	体高	：

課題：珍しいインドネシアのコモドドラゴンについて調べ、上の表を用いてヨーロッパドラゴンと比較せよ。

第１課　その２
ドラゴンの見分け方

学生は、たいていのドラゴンを見てすぐに識別できるようにならねばならない。そのためにはまず、ドラゴンの特徴を簡単に示した右ページの内容を覚えるとよい。その後、下のドラゴンの名前と説明とを線で結んで一致させよ。例を１つ示してある。

	低地のじめじめした湿地で見られる。実のところ、飛ぶことはできない。	アンフィテール ドラコ・アメリカヌス
	羽毛に覆われたヘビのようなこのドラゴンは、中央・南アメリカの荒廃した神殿の中にすみかを作る。	リンドルム ドラコ・セルペンタリス
	ほとんどがオーストラリア産であるこのドラゴンは、獲物を追いかけて跳ぶ際に、大きな後ろ脚を使う。飛べない。	フロストドラゴン ドラコ・オッキデンタリス・マルティムス
	脚は２脚しかなく、空を飛ぶこともできないが、驚くべきスピードで走ることができる。	有袋ドラゴン ドラコ・マルスピアリス
	ドラゴン種のなかで最も大きいこの生き物は、アフリカ産である。２脚の脚と２翼の翼をもつ。	龍 ドラコ・オリエンタリス
	おそらく、すべてのドラゴンの種類のなかで最もよく知られている。体色は赤、緑、黒、金。	ガーゴイル ドラコ・オッキデンタリス・ミニムス
	東洋のドラゴンのなかで最も一般的な種類。立派なたてがみと触角をもち、翼はない。	ナッカー ドラコ・トログロディテス
	体色は濃い青みがかった灰色か緑で、木や建物にとまる。姿は、怪獣の形をした雨どいの受け口に似ている。	ヨーロッパドラゴン ドラコ・オッキデンタリス・マグヌス
	体色は純白、あるいは青かピンクがかった白。攻撃法は、恐ろしい「氷のひと吹き」。	ワイバーン ドラコ・アフリカヌス

アーネスト・ドレイク博士いわく

「汝のドラゴンを知れ」

さまざまなドラゴンのシルエットに諸君が精通しているかどうかに、
ドラゴンの命、あるいは諸君自身の命がかかっていることを忘れてはならぬ。

ワイバーン
【2脚、翼あり】
ヨーロッパドラゴン
【4脚、翼あり】
リンドルム
【2脚、翼なし】
ナッカー
【4脚、小さな翼】
ガーゴイル
【4脚、翼あり】
フロストドラゴン
【4脚、翼あり】
アンフィテール
【脚なし、翼あり】
有袋ドラゴン
【4脚、小さな翼】
龍
【4脚、翼なし】

1885年、「神秘といにしえのドラゴン学者協会」のために作成。

課題：どんなドラゴンの詳細もすぐに思い出せるように、
この図を複写し、記憶せよ。

第１課　その３
ドラゴンの比較

ドラゴンのいくつかはまったくよく似ていることに、諸君も気づくであろう。見分けのつきにくい亜種も存在する。例えば、東洋の龍にはさまざまな種類がおり、多くの場合、見分けるには足指の数を見なくてはならない。このような実状に直面し、混乱することを避けるために、学生は見たことのないドラゴンのあらゆる詳細を自分の記録帳に確実に書きとめなければならない。まったくの新種を発見する可能性もある。ここでは、フロストドラゴンと一般的なヨーロッパドラゴンの主な違いを学ぶ。

違いの見つけ方
フロストドラゴンとヨーロッパドラゴン

【フロストドラゴン】
- 例年の南極への渡りと戻りの季節に、ヨーロッパドラゴンと間違えられやすい。
- 夜間にたいそう行動的。
- 体色は通常明るく、白、または青かピンクがかった白。
- 攻撃法は「氷のひと吹き」。
- ほとんどのフロストドラゴンは話すことができるが、静かでいることを好む。

【ヨーロッパドラゴン】
- ヨーロッパ全土で見られ、渡りは行わない。すみかから40キロメートル以上離れた場所へは滅多に行かない。
- 日中にたいそう行動的。
- 体色はフロストドラゴンより暗く、赤、緑、黒、時には金。
- 攻撃法は、炎の噴射。
- ほとんどが話せる。おしゃべり好きである。

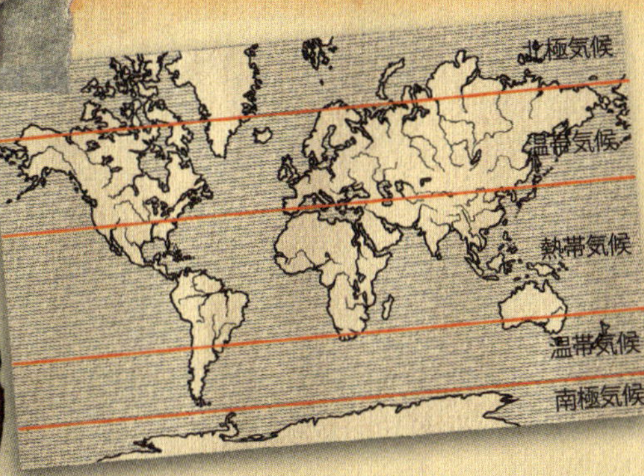
北極気候
温帯気候
熱帯気候
温帯気候
南極気候

フロストドラゴンは寒い状態を好むが、ヨーロッパドラゴンは、非常に低い気温には短い時間しか耐えられない。炎を吐くには、かなりの熱が必要だからだ。ワイバーンは暑い気候を好む。それぞれが好む気候帯がわかるように、左の世界地図を、北極（南極）気候、温帯気候、熱帯気候に色分けせよ。

ドラゴンの子どもは、親と違う姿をしていることがある。さまざまな種のドラゴンの卵を見分けられること、どのドラゴンの足跡かがわかるようになることが重要である。以下のイラストの足跡をたどり、それぞれのドラゴンがどの卵からかえったか調べよ。

ワイバーンの子ども
ヨーロッパドラゴンの子ども
アンフィテールの子ども
ナッカーの子ども
フロストドラゴンの子ども

課題：卵を産む生き物をできるだけ多くあげて表を作れ。

第２課　その１
ドラゴンの生物学―食物連鎖

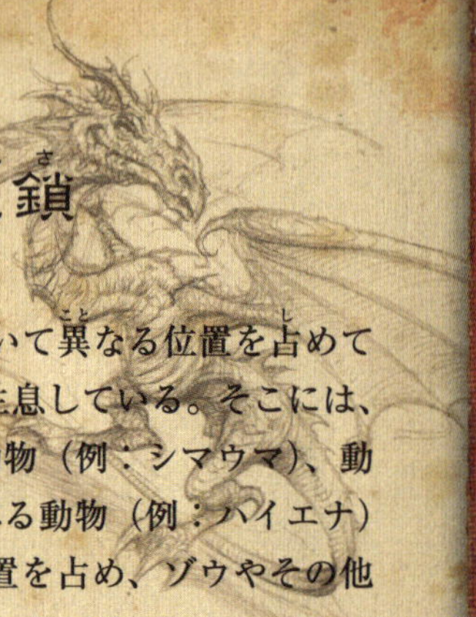

各動植物は、それぞれの生息地で、「食物連鎖」において異なる位置を占めている。例えば、ワイバーンはアフリカのサバンナに生息している。そこには、食物の生産者である植物（例：草）、植物を食べる草食動物（例：シマウマ）、動物を食べる捕食動物（例：ライオン）、そして腐肉を食べる動物（例：ハイエナ）がいる。このなかで、ワイバーンは最上位捕食動物の位置を占め、ゾウやその他の大型草食動物を餌にしている。

ワイバーン

ドラコ・アフリカヌス

- **すみか**：ごつごつした岩、あるいは砂丘や草地に円形の巣を作る。
- **体のサイズ（成獣）**：体長15.2メートル、体高5.5～6.1メートル。
- **体色**：濁った茶色からライムグリーンまでさまざま。
- **攻撃法**：歯、かぎ爪、むちのような尾、高所からの落下。
- **食べ物**：ゾウ、カバ、サイ、その他の大型草食動物。

アフリカ・サバンナの食物連鎖

最上位捕食動物	ワイバーン
捕食動物	ライオン、チーター、ヒョウ、クロコダイル
腐肉を食べる動物	ジャッカル、ハイエナ、ハゲワシ
草食動物	ゾウ、ガゼル、シマウマ、キリン、ヌー
生産者	草、木

北極では、フロストドラゴンが地上の、ウミヘビが海の最上位の捕食者である。ここでは、食物の生産者は植物ではなく、プランクトンという小さな海の生き物である。それらをオキアミが食べ、オキアミを魚（それにいくらかのクジラ）が食べ、魚たちをアザラシやほかの魚が食べ、アザラシたちをホッキョクグマが食べ、ホッキョクグマをウミヘビやフロストドラゴンが食べるのである。

嚙まれることはあっても、霜焼けにはなりません！
ミック・マーティンの
ドラゴンおびき寄せはりぼて
裏地に毛皮・断熱仕様
北極の探検にどうぞ

空欄に下の生き物の名前を当てはめ、北極の食物連鎖表を完成させよ。

北極の食物連鎖

最上位捕食者……………………………………

捕食者……………………………………

腐肉を食べる動物……………………………………

草食動物……………………………………

生産者……………………………………

ホッキョクグマ、ハイイロアザラシ、セイウチ、サメ、魚、オキアミ、ホッキョクギツネ、プランクトン、フロストドラゴン、ウミヘビ

課題：南極では、フロストドラゴンは北極とは異なる食物連鎖に組みこまれる。南極にはホッキョクグマはいないが、多くのペンギンがいる。地元の図書館で、南極の食物連鎖を調べよ。

答え：
最上位捕食者：フロストドラゴン、ウミヘビ
捕食者：ホッキョクグマ、サメ、ハイイロアザラシ、セイウチ
腐肉を食べる動物：ホッキョクギツネ、魚
草食動物：オキアミ、魚
生産者：プランクトン

第２課　その２
ドラゴンの寿命

ドラゴンは一生を通して、かなり安定したペースで成長していく。それぞれの種の寿命は、いまだ推測の域を出ない。しかし幸運なことに、ドラゴン学者たちが、幾種かのかなり老齢なドラゴンたちの体のサイズや年齢を記録してきた。それらを知ることで、類似のドラゴンのおおよその年齢を推測することができるのだ。なぜなら類似のドラゴンどうしであれば、体長の比率と年齢の比率はほぼ等しいと考えられるからである。

年齢：０歳	年齢：................	年齢：100 歳	年齢：200 歳
体長：0.6 m	体長：1.2 m	体長：................	体長：9.7 m

上は、私の古き友ソーファックスを描いたものだ。彼は数について非常によく理解しており、自分が何歳であるか常にわかっていた。空欄の体長と年齢を埋めよ。

この表は、現代および過去の、有名な長寿のドラゴンの年齢を示したものである。

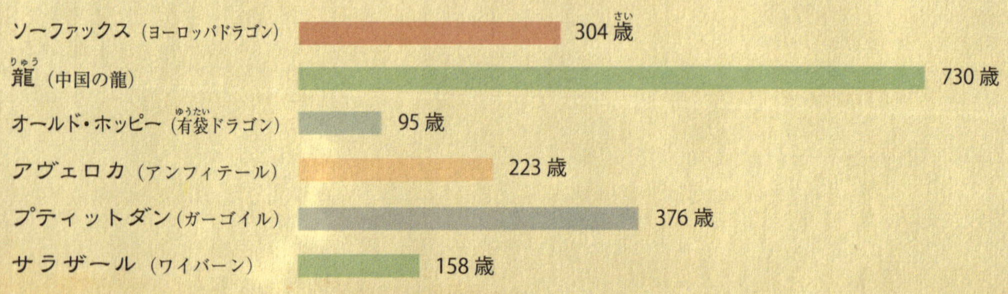
ソーファックス（ヨーロッパドラゴン）
304 歳
龍（中国の龍）
730 歳
オールド・ホッピー（有袋ドラゴン）
95 歳
アヴェロカ（アンフィテール）
223 歳
プティットダン（ガーゴイル）
376 歳
サラザール（ワイバーン）
158 歳

以下にあげるのは、ドラゴンへの、歴史に関する質問一覧である。
世界のさまざまな場所にいるドラゴンの年齢を推測する際に役立つだろう。

オーストラリアに牛がいた以前の時代を覚えているか？
（ヨーロッパの開拓移民とともに最初の牛が上陸したのは1836年）

人間が気球で空を飛べるようになった以前の時代を思い出せるか？
（モンゴルフィエ兄弟が空を飛んだのは1783年）

ゾウの群れがヨーロッパアルプスを横断した時を思い出せるか？
（ハンニバルがゾウを率いてローマに侵攻したのは紀元前218年）

北アメリカで星と縞模様でできた旗が掲げはじめられる以前の時代を思い出せるか？
（最初に掲げられたのは、アメリカ独立戦争の後の1777年）

白い帆の木造船が初めてアメリカの海岸に着いた以前の時代を思い出せるか？
（コロンブスの到着は、1492年）

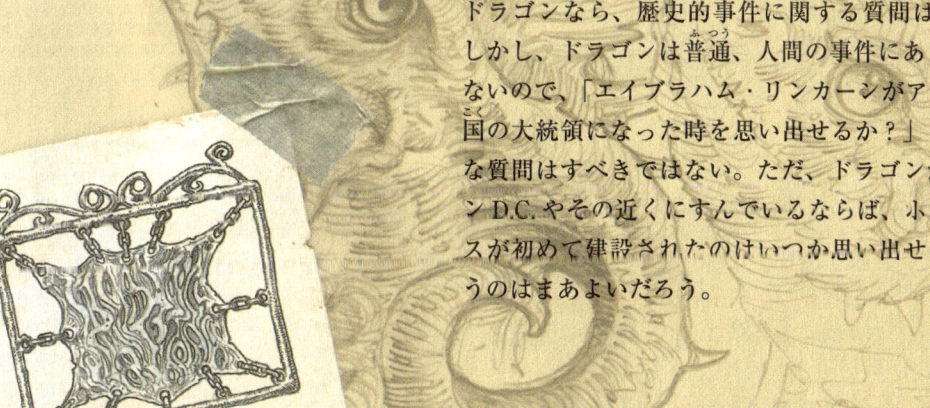

ドラゴンの年齢を計算する場合、相手が言葉を話せるドラゴンなら、歴史的事件に関する質問は役に立つ。しかし、ドラゴンは普通、人間の事件にあまり興味がないので、「エイブラハム・リンカーンがアメリカ合衆国の大統領になった時を思い出せるか？」というような質問はすべきではない。ただ、ドラゴンがワシントンD.C.やその近くにすんでいるならば、ホワイトハウスが初めて建設されたのはいつか思い出せるか、と問うのはまあよいだろう。

課題：地元のドラゴンの年齢を推定する時のために、諸君が住んでいる地域に関する歴史的事件の一覧を作れ。

第３課
初級謎謎

経験豊かなドラゴン学者なら誰でも知っている通り、言葉を話せるドラゴンは必ず人間に謎謎を挑んでくる。しかし、未熟なドラゴン学者であっても、ドラゴンたちがたいていの古い謎謎に精通していて、謎謎で人間を出し抜こうとするものだと気づくだろう。対処方法は……？　謎謎の達人になることだ。そのためにはまず、古典的な謎謎を解かなければならない。

さあやってみよう！

A

私は、風や波と戦う。海中で戦う。
私は異国で海の底に触れる。
じっと横たわり、争いに強い。
私がしくじると、風や波は
私をねじってゆるめ、やがて打ち負かす。
私が持ちこたえなければならないものを
奪おうとする。
私が持ちこたえれば、風や波を支配できる。
岩が助け、支えてくれるなら、私は強くなる。
私は誰だ？

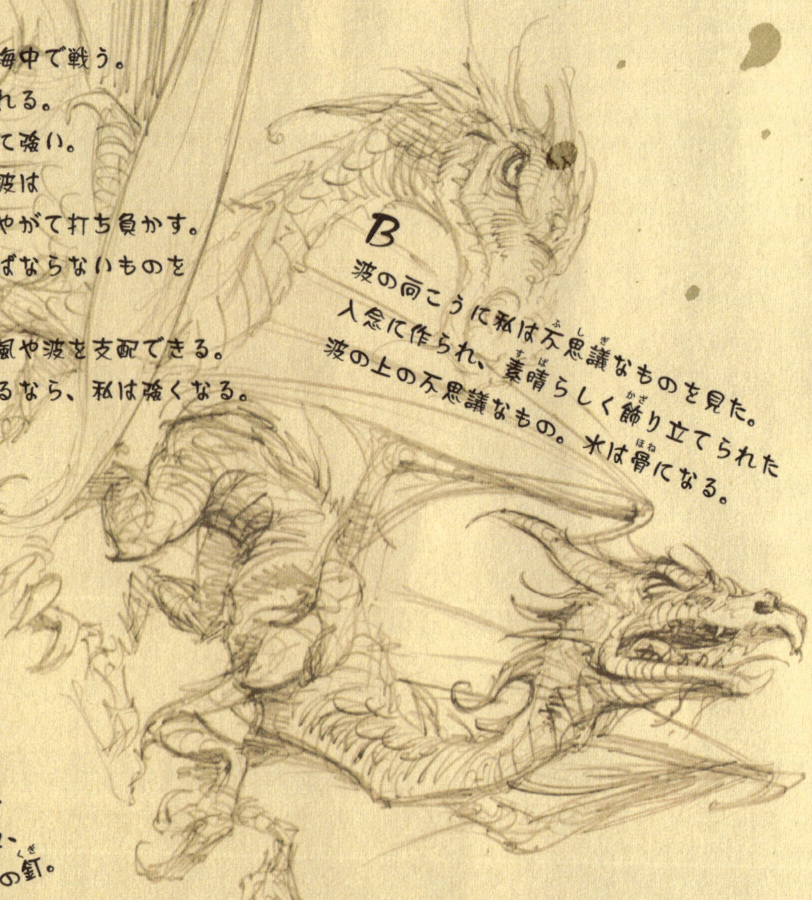

B

波の向こうに私は不思議なものを見た。
入念に作られ、素晴らしく飾り立てられた
波の上の不思議なもの。水は骨になる。

C

腹の中のおもり、
背中の上の木々、
あばら骨の中の釘。
足はない
私は、誰だ？

D

人が命よりも愛し
死や命をかけた戦いよりも恐れるもの。
貧しい者が持ち、金持ちが必要とし
満ち足りた者が求めるもの。
欲ばりが費やし、浪費家が節約し
すべての人が墓場まで持っていくものは何？

E

鳥の一部だけれど、空中にはない。
海を泳ぐことができても、いつも乾いている。
それは、何？

F

乾けば乾くほど濡れたくなるものは、何？

答え：A.錨 B.氷 C.船 D.そんなものはない E.鳥の影 F.タオル

課題：これらの古い謎謎の中から1つを現代的なものに作り替え、友人に試してみよ。10人中4人が10秒以内に答えられたら、成功したことになる。答えられた人数がそれより少なければ謎謎が難しすぎ、多ければ簡単すぎる。

第４課
ドラゴン文字を読む

ドラゴンは、ドラゴン文字を作り出し、長い間使い続けた。その文字を人間はルーン文字として借用した。下の文字は、テムズ川から発見された紀元800年ごろのスクラマサックス（サクソン人のナイフ）の刃に刻まれていたものである。

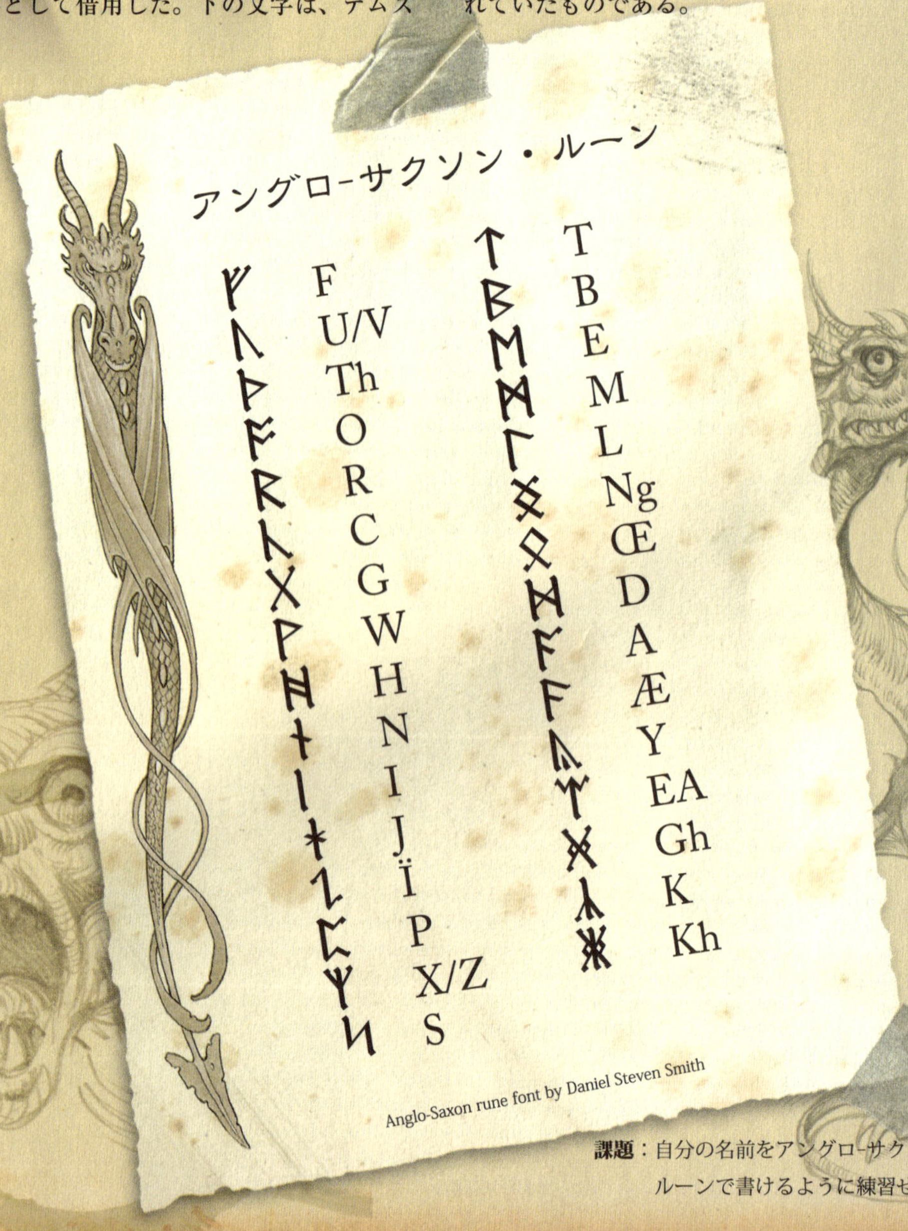

アングロ-サクソン・ルーン
F
U/V
Th
O
R
C
G
W
H
N
I
J
Ï
P
X/Z
S
T
B
E
M
L
Ng
Œ
D
A
Æ
Y
EA
Gh
K
Kh
Anglo-Saxon rune font by Daniel Steven Smith

課題：自分の名前をアングロ-サクソン・ルーンで書けるように練習せよ。

岩や木に文字を書き残すドラゴン学者はいないであろうが、
何もドラゴンが特別ということではない。注意深く見よ。
いたる場所でドラゴン文字を見つけられるであろう。

第５課
野外調査を始める

野外調査とは、当然、生きたドラゴンを、彼らが暮らす自然環境の中で研究することである。ドラゴンの痕跡を読み解く術を一度身につければ、ドラゴンを探しに遠出をする必要はほとんどないであろう。
ここでは、ほとんどの学生が近くで簡単に見つけられる、わかりやすいドラゴンの痕跡について勉強する。

ドラゴンの活動の痕跡

- 大量の、非常に巨大でにおいの強い糞（種によって、ゾウの丸１か月分の６倍の量になりうる）。
- 足跡（例として第３課を参照せよ。ガーゴイルは、乾く前のコンクリートに踏みこんで「足跡を残す」のを好む）。
- 最近の燃焼の跡（稲妻はよく、野火や森林火事の原因になると考えられているが、実際にそうしたことはめったにない）。
- 遠くに見える、幾筋かの、あるいは渦巻く煙。近づくと、どこから起こっているかはっきりとわからないように見える。
- 「普通の」捕食者のものにしては遙かに大きい歯形がついた、動物の死骸の骨。
- ねばねばした物質が残る「足跡」（ナッカーの可能性）。

西洋のドラゴンは人間の近くにすみたがらない。彼らが好む自然環境にとって、人間は非常に有害となりうるからだ。しかし、ただ一種、ガーゴイルのみは、現代の街にうまく順応している。東洋のドラゴンは人間の近くでもすめるが、自然の中をより好む。

時間と温度計があれば、糞の温度表を作って、そのドラゴンがその場所にどれほど前にいたのかを計算することができる。ただし、「毒を含んだ」糞には触れぬこと。そして、後で手、服、温度計を洗うこと。

課題：自分の近くで、さまざまなドラゴンの活動の痕跡を見つけ、記録せよ。

諸君は、下の絵にあるドラゴンの活動の痕跡を、すべて見つけられるか？　この絵は、山の高いところにある典型的な村を空から見たものである。

E.
F.
G.
D.
C.
B.
A.

A. わずかなヒツジの「群れ」（激減したと思われる）　B. 足跡　C. おびえた村人と、興奮しやすい子どもたち
D. 焼かれた、あるいは焦がされた木　E. 宝物かドラゴンの食べ物の残りが詰まった洞穴　F. 幾筋かの煙
G. 頭上を飛ぶドラゴン

第６課

ラムトン・ワームの伝説

これは、イギリスのラムトン村に伝わる伝説である。サセックス地方のナッカー・ホールや私の地元のセント・レオナードの森にも、同様のドラゴンの記録が残っている。

その昔、ラムトン領主には、怠惰で役立たずの跡取り息子がいた。彼はほとんどの時間を眠って過ごし、残りの時間は釣りに当てていた。もちろん、この時代、日曜日の釣りは禁止である。だからといって、ラムトンの跡取りは気にも留めなかった。

ある日曜日、彼はいつものとおり川へ下り、針に餌をつけ、釣りざおを投げかけた。彼は釣りの腕がよかったが、その日は、見たこともない姿をした、奇妙なミミズのような生き物を釣りあげただけであった。跡取りは、その無用な獲物をさっさと井戸の中に投げ入れた。

しかし井戸の中で、その生き物は育ちに育ち、ついには巨大でとても危険なドラゴンになってしまったのである。まもなくドラゴンは井戸を這い出て、ラムトンの丘近くを新しいすみかとした。ドラゴンは巨大に育ちすぎて、丘のふもとをぐるりと３周とぐろを巻けるほどだ、と噂された。ドラゴンは近隣の人々をおびえさせ、短い間にラムトンの丘近くの羊や牛をほとんど食べ尽くした。そして、ついにラムトン城にまでやってきた。

ラムトンの領主はどうすればよいのかわからず、飼い葉桶いっぱいの牛乳をやってドラゴンを満足させようとするのみであった。領主の息子は怠惰な行いを悔い改め、十字軍の１人として戦いに出ていたため不在。ほかにたくさんの騎士たちがラムトンにやってきたが、皆、怪物を倒すために何もできなかった。

しかし、万事休すと思われたまさにその時、ラムトンの若き跡取りが戻ってきたのである。彼は、己が逃がしたドラゴンを自らが殺さねばならないと考え、魔女に助言を求めた。魔女は、最良の方法は、とても長い釘を打ちつけた鎧をまとってドラゴンと戦うことだと告げた。しかし魔女は同時に、もし跡取りが真に本気でドラゴンを殺そうとするならば、より勝算を高めるためにも、ドラゴンを殺した後に最初に見た生き物を殺すことを厳粛に誓うように、とも言った。もしこれを行わなければ、ラムトン家は９代にわたって呪われるであろう、と。

跡取りは、最初に見る生き物が何かぐらいはあらかじめ簡単に決めておけるだろうと考え、喜んで誓いを立てた。彼は領主に、自分がドラゴンを殺したら角笛を吹くから、自分のほうに向けて犬を放つようにと告げた。その犬を殺せば、人間を殺すことは避けられるはずだ。

その後、跡取りはラムトンの丘におもむいた。そして、壮大な戦いがくり広げられた。ドラゴンが彼に巻きつこうとすればするほど、ドラゴン自身が傷つき、ついにドラゴンは死を迎えた。跡取りは角笛を吹いた。

しかし、ドラゴンの死を喜んだラムトンの領主は犬を放つのを忘れ、犬のかわりに自らが息子の元へと駆けつけたのである。跡取りは当然、父を殺すことはできなかった。こうして実に、ラムトンの領主は９代にわたって不幸にさいなまれることになったのである。

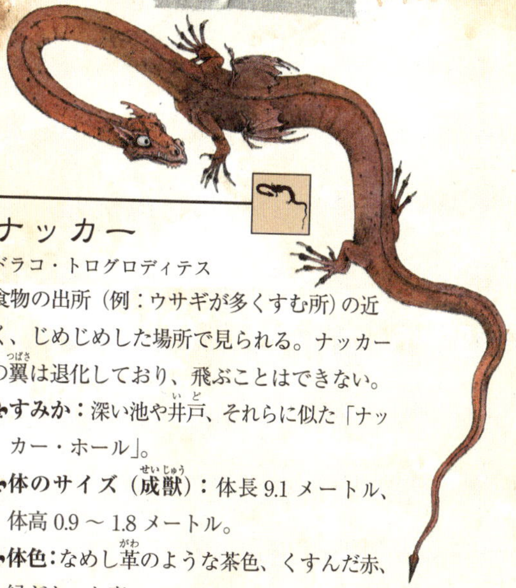

ナッカー

ドラコ・トログロディテス

食物の出所（例：ウサギが多くすむ所）の近く、じめじめした場所で見られる。ナッカーの翼は退化しており、飛ぶことはできない。

すみか：深い池や井戸、それらに似た「ナッカー・ホール」。

体のサイズ（成獣）：体長 9.1 メートル、体高 0.9 ～ 1.8 メートル。

体色：なめし革のような茶色、くすんだ赤、緑がかった青。

攻撃法：毒をともなった噛み付き、締め付け。

食べ物：ウサギ、シカ、家畜、迷子になった人間の子。

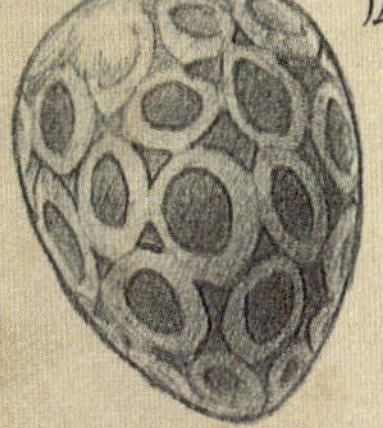

第７課
ドラゴンの宝物

西洋のドラゴンは、元来、柔らかな腹部を守るために、宝物を貯めこむものである。一方、東洋のドラゴンは、水中のすみかを掘る際に見つけた宝物──真珠やひすいなど──を、単にその際立ったまれな美しさゆえに貯めこむ。したがって、東洋のドラゴンは西洋のドラゴンよりずっと、宝物を手放す可能性があるであろう。

ドラゴンは宝物を集めるが、我々と全く同様の見方でそれを評価しているわけではない。例えば、もしもアーサー王の剣・エクスカリバーが競売に出されたとすれば、間違いなく何百ポンドもの値で売買されるだろう。しかし、いまそれを所有するドラゴンにとっては、鍛えた鋼でできた孫の手か何かと同様に、役に立たない物なのである。
同じ理由で、聖杯も役に立たないと考えるだろう。
一方、ドラゴンが、かの有名なインドの星というダイヤモンドを手に入れたならば、間違いなくドラゴンにとって最も大切な財産となろう。

注意：ドラゴンの宝物のなかには、古英語の詩「ベーオウルフ」に登場する老齢のドラゴンの宝物と同様に、守りの呪いがかけられたものもあるかもしれない。

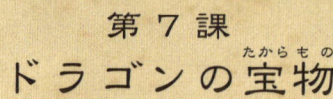

ここで、宝石に対する人間の見方とドラゴンの見方の違いを吟味しよう。
基本的に、人間は希少さと美しさで宝石を評価するが、
ドラゴンはもっと実用的な理由で宝石を評価する。

ルビー
エメラルド
サファイア
ダイヤモンド
オパール
アメジスト

人間の基準による宝石の価値の順序

1. ルビー【9】
2. エメラルド【8】
3. ダイヤモンド【10】
4. サファイア【9】
5. オパール【6】
6. アメジスト【7】
7. 金【3】
8. 銀【4】
9. 鉄【5】

ドラゴンは宝石を希少さではなく、硬度で評価する。硬い宝石のほうが、腹部をより守ってくれるからだ。

課題：上の表の括弧の中の数字は、各々の宝石の相対的な硬度を表している。これをヒントに、ドラゴンが宝石の価値を順序づける仕方を示す表を作れ。

初級レベルに十分達し、ドラゴン学の基礎を身に付けた学生は、本講座を通じて、知識が広がり、深みを増したことに気づくであろう。また、たとえドラゴン学が自身の一生の仕事にはならずとも、人生の重要な部分となるだろうと、間違いなく感じたはずだ。いまこそ野外で、より活動的に友好的なドラゴンを探し出す時である。しかし、ドラゴンを扱うのに挑戦し、無傷で戻れると考えるには、まだ早い。こうした学生には、いままで以上に課題に挑戦する必要がある。

N
NW
NE
W
E
SW
SE
S
これなしでは迷ってしまう
コンパスキュラー
ぜひお手元に！

帽子があれば
"火"焼けも安心！
最新モデル！
1000度の耐熱実験済み！
15ポンド！
ドレイク博士の
"炎よけ帽子"

昔々、そのまた昔
誰も忘れられぬ獣が生まれた
おぞましいナメクジかカタツムリか
ねばつく跡を残して消えた
ほのぐらい森、迷宮の中
うかつなさまよい人が導かれ
獣が謎かけ、彼らは答える
答えられねば獣のえじき
ドラゴン学者の助けを得て
恐怖の時が終わるまで

中級ドラゴン学

第８課～第15課

第８課　その１

東洋のドラゴン紹介

チベットやヒマラヤ山脈にすむさまざまなドラゴンについてもっと学ぶために、1874年の夏、私はヒマラヤのドラゴン・マウンテンへと出発した。そして、セブン・スネイクスという名の僧院に辿り着いた。高山病で苦しみながらどうにか書いた日誌を掲載する。

ドラゴン：チベットドラゴン

詳細：雌、赤、12.2メートル、280歳

日時：1874年８月14日

場所：チョゴリの近くのドラゴン・マウンテン

時間：午後４時

気象条件：快晴！

観察：山は険しい。いわゆる高山病で気分があまり優れず、ふらふらする。しかし、気にするものか！　今日ついに、ドラゴン・マウンテンでドラゴンを見つけたのだ！　明らかに、ここに280年すんでいる！　子どもの餌にするためにヤクを捕らえているのを見た。ひと噛みで獲物を殺してしまった！　僧によると、彼女はイエティも食べるとのことだ。巣は雪中にあるほんの小さな穴で、中に別の卵も見える。殻の模様はとても珍しいものだ。

チベットドラゴンが、新雪の上に卵を産むようになったのは、おそらく、凍った山のすみかでは、新鮮な水が不足することが理由であろう。卵殻には非常に目立った斑点がある。

龍は卵を、流水の水源に産む。

モンゴル
中国
チベット
インド

この地図の、モンゴルとチベットの部分を色分けせよ。この２か所は、チベットドラゴンが発見される主な場所である。

チベットドラゴン

ドラコ・モンタナ

下はチベットドラゴンの絵である。
この絵のa～eは、かぎ爪、短いたてがみ、角、尾、とげのどれに当たるか、記入せよ。
チベットドラゴンのわきの下は、やや毛に覆われている。

我々、科学的なドラゴン学者は、フィールドノートを使用し、目にしたあらゆる種のドラゴンに関するさまざまな記録をつけなければならない。左ページに添付した私の日誌を参考に、下の表をできるだけ多く埋めよ。

a.
b.
c.
d.
e.

課題：上は中国の龍の頭蓋骨である（34ページ参照のこと）。チベットドラゴンの頭蓋骨の絵を描け。

ドラゴンの名前：

学名：

すみか：

体のサイズ：

体色：

攻撃法：

食べ物：

生息地：

第８課　その２

東洋の龍

この絵は中国福建省・宏偉寺にすむ龍偉という龍である。私はこのドラゴンをよく知っている。

龍

ドラコ・オリエンタリス

- **すみか**：普通は水中の洞穴。
- **体のサイズ（成獣）**：体長 12.2 メートル、体高 3.7 ～ 4.6 メートル。
- **体色**：青、黒、白、赤、黄色。
- **攻撃法**：護身のために、角・歯・かぎ爪を使用。
- **食べ物**：主に魚と鳥。特にハクチョウのローストはごちそう。

羽根のような尾
雄のシカのような角
長い触角
大きなうろこ
たてがみ
5本の足指とかぎ爪
卵（通常は前脚で持つ）

洞 トン　爬 パ　往 ワン

里 リ　蛇 シェ　正 チェン

この龍は、宏偉の「透明人間になる呪文」の手がかりを私に与えてくれた。龍は呪文を構成する６つの中国文字を書いてくれたが、どの順で読むかは教えてはくれなかった。

宏偉の「透明人間になる呪文」

幸いなことに、『宏偉の龍経』という経典で、宏偉の呪文の文字を読む順を発見した。ここにそれらを書いておく。そうすれば、諸君は呪文を唱えることができるであろう。

シェ　チェン　ワン　トン　リ　パ

蛇正往洞里爬

……………………………………………………

諸君は、日誌をつけることの重要性をあなどってはならぬ！　宏偉寺での私と龍の出会いについて、諸君の日誌に記せ。注意せよ。諸君もいつか、龍に出会うかもしれない。その時は、この日誌を参照するがよい。龍がどれくらい生きるかは、誰にもわからないのだから。

ドラゴン：……………………

詳細：……………………

日時：……………………

場所：……………………

時間：……………………

気象条件：……………………

……………………

観察：……………………

……………………

……………………

……………………

……………………

……………………

課題：「透明人間になる呪文」を、すべて記憶するまで、声に出して練習せよ。

第9課
野生のドラゴンの保護

ドラゴンは野生生物であり、飼い慣らされるのを拒む。呪文やまじないを使って一時的に従順にすることはできても、飼い慣らそうという試みは例外なく失敗する。フィニアス・フィークの「びっくりショー」（下のポスター参照）のように、ドラゴンが強制的に捕われの状態にされるという例は、ありがたいことにほとんどない。ドラゴン学者はドラゴンを保護するためにできることは何でもしなければならない。右ページのようなポスターを作ることで、ドラゴンの窮状を他の人々に気づかせることができるかもしれない。

フィニアス・フィークの
びっくりショー

上のポスターには、いわゆる「びっくりショー」で強制的にパフォーマンスをさせられている、飼い慣らされたドラゴンやユニコーン、その他の（おそらく）架空の生き物たちが載っている。このポスターを見つけたのは1879年、アメリカ・トゥーカムカリの鉄道駅の切符売場の横であった。しかし、そのあたりでその見せ物を知っているという人は、誰もいなかった。アメリカの興行師バーナムのような突飛な行動からこれらの生き物たちを救うべく、フィニアス・フィークを追いつめんと試みたが、不首尾に終わった。彼が現在行方知れずなのは、哀れなドラゴンたちがフィークから逃れたためだと祈るばかりである。

アーネスト・ドレイク博士は
あなたを
必要としています
いまこそ、野生のドラゴン保護に救いの手を！

課題：上はまさしく、人々に野生のドラゴンを保護する必要性を訴えるS.A.S.D.のポスターである。諸君自身で保護を訴えるポスターを作り、目立った場所に貼ること（ただし、その場所に貼ってよいか、許可を求めるのを忘れないように）。

注意：フロストドラゴンは、北半球が最も暗くなる冬の３か月間（12月、１月、２月）を北極地方で過ごす。その後南へ渡り、南半球が最も暗くなる３か月間（６月、７月、８月）を南極地方で過ごし、そしてまた北へと渡る。それぞれの渡りの旅にかかる時間は、平均して２か月である。

２匹のフロストドラゴンの渡りを示す世界地図
ノヴァヤゼムリャ 1879年3月4日
ティクシ
ギュンビョルン山 1882年4月1日
イヌヴィク
コディアック島
マサチューセッツ州ケンブリッジ 1882年11月25日
サンフランシスコ
オデッサ 1879年11月3日
サマルカンド 1879年4月24日
東京
トンブクトゥ 1882年4月28日
モガディシュ 1879年10月11日
タヒチ
N
ポートモレスビー
リオ・デ・ジャネイロ 1882年8月14日
ブリスベン
ホバート
ケルゲレン諸島 1879年6月4日
プンタアレナス
サウスジョージア島 1882年5月23日

南極地方の広大な南部の大陸—特に内陸部は、いまだに探検が進んでいない。
時間と資金があれば、大胆な学生は大いなる冒険に参加しようと考えるだろう。

第10課
フロストドラゴンの渡り

毎年、北極地方と南極地方の間を往復3万5200キロメートルも飛行するキョクアジサシのように、フロストドラゴンは世界の偉大な渡り動物の一種である。彼らの極地地域を越えた先のルートは、1人、2人の我慢強い探検家による目撃例を除き、ほとんど未知のままである。しかし、澄んだ夜空を高く飛ぶ彼らが目撃されたことにより、他の渡りのルートはたどることができた（目撃したのは、高倍率の望遠鏡を持ったドラゴン学者である）。1879年から1882年にかけて世界中の多くの仲間より送られてきたフロストドラゴンの目撃情報を、先の地図上に記録してある。最近、いくつかの新たな目撃情報が舞いこんできた。その日付を地図に書き加え、それぞれのドラゴンの渡りのルートをおおまかに描け。

課題：不運にも、左ページのS.A.S.D.の地図には、南極地方の正確な地形図が載っていない。南極大陸の適切な地図を発見し、目撃されたドラゴンを探すのに適した場所を記せ。

渡り中の2匹のフロストドラゴンに関する新たな目撃情報

1　最初の目撃地はシベリア：

1883年3月15日　シベリアのティクシ
1883年4月10日　日本の東京
1883年5月15日　タスマニアのホバート
1883年10月1日　オーストラリアのブリスベン
1883年10月23日　ニューギニアのポートモレスビー
1883年11月14日　日本の東京

2　最初の目撃地はカナダ：

1884年4月5日　カナダのイヌヴィク
1884年4月30日　アメリカのサンフランシスコ
1884年9月15日　チリのプンタアレナス
1884年10月11日　太平洋のタヒチ
1884年11月2日　アメリカのコディアック島

フロストドラゴンが好む氷山に特有の、氷の洞穴。

第11課
中級謎謎

伝統的な謎謎を理解できても、ドラゴンが作った謎謎が解けるとは限らない。しかし、ドラゴンは自分になじみのあるテーマでしか謎謎を作らないので、謎謎を解く側に有利だろう。これまで私が経験した最も長時間の「謎かけ合戦」は、ライラックス・ザ・リリカルという友好的なドラゴンとのものだった。諸君に彼の謎謎がいくつ解けるであろうか。

A

クン　クン　クン
はじめ、我が食事の来たる音を聞いた。
クン　クン　クン
それから、そいつが通り過ぎるにおいがした。
クン　クン　クン
そいつが逃げようとしているのを見た。
クン　クン　クン
それから、そいつをつま先でつついた。
クン　クン　クン
さて、そいつを味わおう。
うまい、うまい、うまい！
今日は1つの名前を持つ、5つの物を使った。
それは一体何だ？
上を見て、手がかりを探せ。
さもなくば、我が夕食はお前だ！

B

焼け付くほどの炎でシューシューと
煮立てられた7つの輝く物を見た。
床に散らばる宝物の中で
貝のように固く、おまけに丸い。
それからビリリと音を立て、中身がすべり出た。

C

輝くかたびらのように
我が背から尾までをおおい、
尾からのどまでをおおう。
ウシやヤギには決してないが、鯉にはある、
ハープの8音のような音がするもの。

D

ドラゴンは空を飛ぶ時、
目でこれを探す。
ドラゴンは吠える時、
かぎ爪でそれをつかむ。
ドラゴンが深い眠りにつく時、
それの夢を見る。
しかしそれは、彼の頭の下で、
石のように固い寝床をなす。

E

私の１番目は子どもの中にあり、
お守りの中にはあらず。
私の２番目は宝の中にあり、
金貨の中にはあらず。
私の３番目は天国の中にあり、
天空にはあらず。
私の最後は呪文の中にあり、
呪術にはあらず。
私は獣。この謎謎でお前が勝たなければ、
お前は私のえじきとなろう。

F

月（ムーン）と同じ韻を踏み、何年にもわたって
紙だけでなく岩に書きとどめることができる。
この古い文字をすぐに教えよ！

G

私は休めるが、お前は休めない場所。
宝石と金の蓄えられた、
ドラゴンの卵を守り温める場所。
私の家、私の家庭、私の古い城。

答え：A. 五感　B. ドラゴンの卵　C. ドラゴンのうろこ　D. 宝物
E. ドラゴン　F. ルーン文字　G. ドラゴンのすみか

第12課
ドラゴン文字を書く

ドラゴン文字で書き表されているのが諸君の言語であれば、ドラゴン文字を読むことは比較的容易かもしれない。一方、ドラゴン文字で書くとなると、難易度は増す。しかし、ドラゴンと話ができないとき、ドラゴン文字を使えるかどうかは非常に重要になるであろう。文字は、多くのさまざまな材質のものに書くことができる。

下の会話は、私がライラックス・ザ・リリカルと初めて接触した時の記録である。初めてドラゴンに近づく方法の例として紹介する。彼に近づくため、私はメッセージを細長い木の皮に書いて、彼の巣穴に投げ入れた。ライラックスにはよくあることだが、彼は木の皮の裏に韻文で返事を書いてよこした。最初に投げ入れたメッセージには、返事がなかった。

ドレイク博士	ᚻᛖᛚᛚᚨ
ライラックス	……
ドレイク博士	ᚳᚨᛞᛖ ᚠᚨᚱᛏᚻ ᚣᚨᚢ ᛋᚳᚨᛚᚣ ᛒᛖᚨᛋᛏ
ライラックス	ᚨᚾᛞ ᚣᚨᚢ ᛋᚻᚨᛚᛚ ᛒᛖ ᛞᚣ ᚠᛖᚨᛋᛏ
ドレイク博士	ᚾᚨᛏ ᛏᚻᚨᚢᚷᚻ ᚣᚨᚢ ᚠᛖᛖᛚ ᛋᛏᚱᚨᚾᚷ ᚾᛖᛖᛞ
ライラックス	ᛁ ᚠᛖᛖᛚ ᚨ ᚾᛖᛖᛞ ᛏᚨ ᚠᛖᛖᛞ
ドレイク博士	ᛁᛚᛚ ᚳᚨᛞᛖ ᛁᚾᛏᚨ ᚣᚨᚢᚱ ᚳᚨᚢᛖ
ライラックス	ᛞᚨ ᚨᚾᛞ ᚣᚨᚢᚱ ᛞᚨᚾᚷᛖᚱᛋ ᚷᚱᚨᚢᛖ
ドレイク博士	ᚨᚾ ᚨᛞᚢᛚᛖᛏ ᛁ ᛋᛖᛖᛦ
ライラックス	ᚣᚨᚢ ᛞᚢᛋᛏ ᚾᚨᛏ ᛖᚢᛖᚾ ᛈᛖᛖᛦ
ドレイク博士	ᚣᚨᚢᚱ ᛏᚱᛖᚨᛋᚢᚱᛖ ᛞᛁᚾᛖ ᛋᚻᚨᛚᛚ ᛒᛖ
ライラックス	ᛏᚻᚨᛏ ᛞᚨᚣ ᚣᚨᚢᛚᛚ ᚾᛖᚢᛖᚱ ᛋᛖᛖ
ドレイク博士	ᛁᛚᛚ ᚱᛁᛞᛞᛚᛖ ᚣᚨᚢ ᚨ ᚱᚻᚣᛞᛖ
ライラックス	ᛁᛏ ᚹᛁᛚᛚ ᛒᛖ ᚣᚨᚢᚱ ᛚᚨᛋᛏ ᛏᛁᛞᛖ

課題：ライラックス・ザ・リリカルと諸君自身の会話を、右ページに書き出せ。

ライラックス　ᚹᚻᚠ ᛁᛋ ᛁᛏ ᚷᚠᛖᛋ ᛏᚻᛖᚱᛖ ᚠᚢᛏᛋᛁᛞᛖ ᚠᚴ ᛞᚣ ᚳᚠᛁᚱ

諸君（しょくん）

ライラックス　ᛁᚳᚳ ᛚᚠᛞᛖ ᚠᚾᛞ ᛞᛖᛖᛏ ᚣᚠᚢ ᚠᚾᛞ ᛏᚻᛖᚾ ᛖᚠᛏ ᚣᚠᚢ

諸君

ライラックス　ᛁᚴ ᚣᚠᚢ ᛦᚾᚠᚹ ᚻᚱ ᚻᚱᚠᛦᛖ ᚣᚠᚢ ᛚᚠᚾᚾᚠᛏ ᛒᛖ ᚠ ᚴᚠᛦᛖ

諸君

ライラックス　ᚣᚠᚢ ᛋᛖᛖᛞ ᚢᛖᚱᚣ ᚣᚠᚢᚾᚷ ᛏᚠ ᚷᚠ ᚻᚱᚠᚷᚠᚾᛋ ᚠᛞᚠᚾᚷ

諸君

ライラックス　ᛈᚠᚱᚻᚠᚾ ᛞᚣ ᚳᚠᚢᚷᚻᛏᛖᚱ ᚹᚻᚠᛏ ᚠᚱᛖ ᚣᚠᚢ ᚠᚴᛏᛖᚱ

諸君

ライラックス　ᚷᚠᚠᛞᛒᚣᛖ ᚷᚠᚠᛞ ᚳᚢᛚᛦ ᚣᚠᚢ ᚻᚠᚢᛖ ᚳᚠᛏᛋ ᚠᚴ ᛈᚳᚢᛚᛦ

第 13 課

基礎のドラゴン魔法

魔法やまじないは、ドラゴン学のなかで常に難しい部分である。実際のところ、たいていの科学的なドラゴン学者は魔法を疑問視し、全く危険なものだとみなしている。しかし、魔法はドラゴンの伝説においてかなり重要な存在であるため（科学とは対照的であるが）、簡単なお守りの作り方を少々掲載しておく。
お守りや魔除け類（タリスマン、アミュレットなど。用語解説参照のこと）には数千年の歴史があり、身を守る目的や攻撃する目的で使用されてきた。また、時に、ドラゴン自身の許可を得て、ドラゴンを強力に惹きつけるものとしても使用された。

上は、魔術師マーリンの伝説的で強力なお守りである。修道士のギルダス・マグヌスが 1465 年に著した『アルス・ドラコニス』から写した。

この絵は、ヴァイキング・ルーシ族の「戦いのお守り」である。不幸な犠牲者の上に岩の雨を落とすよう作られたもので、ドラゴンが遙か昔に没収したのも不思議ではない。スカイストーンという、隕石の一部として地球に降った鉄でできていると言われている。

注意：アミュレットを使うのに呪文は必要ないが、タリスマンの場合は、しばしば、ふさわしい「魔法の言葉」を唱えなければならない。

右ページにあるのは、いわゆる「幸福のドラゴンのお守り」で、信じやすい者・だまされやすい者にのみ売られている。こんな物には目を留めぬ方が、より幸福になれるというものだ。

アブラメリンの「ドラゴンを惹きよせるお守り」

必要なもの： 八角形（八つ辺のある形）の鉄板１枚（直径15センチメートル）、涙型の大きなダイヤモンド、めっきに使う金

手順： 鉄板に金でめっきをする。中心に穴を開け、その穴に棒を通して、その先に鉄の留め金でダイヤモンドを取り付ける。ダイヤモンドは自由に回転するようにしておく。8匹の主なドラゴンのシルエットを彫る（右の絵参照）。宝石の周りに、ルーン文字で呪文を彫る。

使用の際には、「友好的な」ドラゴンがいそうな場所に行く。惹きつけたいドラゴンのほうにダイヤモンドの針を向け、呪文を唱える。

ドラコ－ラコ－アコドラック！

（注：科学的なドラゴン学者は、ドラゴンを惹きつけるのは本当は宝石だと信じているが、この言葉を唱えてもさしつかえない。）

課題：アブラメリンの「ドラゴンを惹きよせるお守り」の練習版を、厚紙を金属箔（スズで十分である）で覆って作れ。光る厚紙をダイヤモンドのように切って、回転できるように土台の厚紙の中心に取り付けよ。貴重な宝石ではないのでそれほど力はないだろうが、ひょっとしたら！

第 14 課
実験室にて

完全に機能的なドラゴン学の実験室は、たいていのドラゴン学生には手が届かない高価なものであろうが、高価な器具を使わなくてもできる科学的な実験がある。

目的：ナッカーの毒液の腐食特性を見きわめること。

用意するもの：大量の新鮮なナッカーの毒液（できればナッカーから提供されたもの）。水晶の小瓶と水晶のミキシングボウル（どういうわけか、水晶はナッカーの毒液に腐食されない）。試験用の素材――水晶、ダイヤモンド、花崗岩、木材、粘土、大理石、肉、骨。正確なクロノグラフか時計。

手順：水晶のミキシングボウルに、試験用の素材を 1 オンス（約 28 グラム）入れる。毒液をおよそ 4 分の 1 ジル（1 ジル＝142 ミリリットル）注ぎ入れる。溶けるのに時間がかからない物質もあれば、何の変化も表れない物質もある。実験が進行している間は、十分離れているように。異なった物質を試験するときは、必ず水晶のボウルは完全にきれいにしなければならない。一度使用した水晶のボウルを洗う時は大量に煙が発生するので、水で何度も洗わなければならないだろう。残骸を取り除く時は、ワニ皮の手袋をはめたほうがよい。

勤勉な学生が真に完全で現代的な実験室を組み立てるには数年かかるだろう。

科学的標本には常に、できるだけはっきりとラベルを付けること。

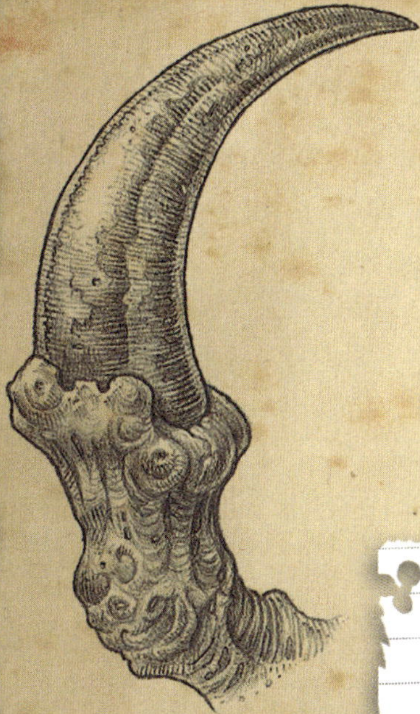

実験結果

物質	溶ける時間	観察
ダイヤモンド	溶けない	反応なし
水晶	溶けない	反応なし
花崗岩	5〜10分	灰色に近い炎が発生
大理石	3分	断続的に青い煙
粘土	10〜15秒	灰色の煙がゆるやかに発生
木材	1〜2秒	灰色の煙がもうもうと発生
骨	1〜2秒	濃くて黒い煙がもうもうと発生
肉	即時	突然に一瞬の光、煙

独自の実験を計画するといった、探求心旺盛な精神は大いに結構である。

実験で得た結果を正確に再現できることは、現代の化学実験においては重要なことである。

さまざまな素材の相対的な硬度を測定するために、以下の実験を試みよ。
ダイヤモンド（あれば。許可なしに母親のアクセサリーを借りないこと）、ドラゴンのかぎ爪（見つからなければ、見つかる範囲で一番硬いものを使用せよ）、石、紙、木の皮、厚紙、チョーク。

まず、実験目的、素材（上記参照）、手順を詳しく書く。次に、実験を行う。今回の場合、素材と素材をこすり合わせ、傷が付いたものと付かなかったものを書きとめる。最後に結果を表にし、素材の相対的な硬度を書きとめる。ダイヤモンドが手に入ったならば、ドラゴンのかぎ爪の硬度は2番目であろう。

課題：ドラゴンの糞のにおいは、大小問わずほとんどすべての捕食者をおびえさせる。ドラゴンの糞の効果が及ぶ範囲を、量と種類別に試験する実験の計画を立てよ。決して、直接手を触れてはならない。実験には、ドラゴンの糞のみを使用すること。

第15課
竜王の伝説

太古の隠された宏偉の寺を探し出すために、中国の探検へと出かけた際、高山にて、私の仲間の女史が、時間つぶしに数多くのドラゴンの伝説を話してくれた。

中国では、世界の他の多くの場所と同様に、ドラゴンは人間との不必要な接触をたくみに避けてきたため、幸運にも架空の生き物としての地位をどうにか保っていられたようだ。彼女が語ってくれた伝説の1つは、中国の4つの大河 — 遙か北の黒竜江、中央の黄河、南の長江（揚子江）、遙か南の珠江の成立に関するものであった。

大昔、中国には川や湖がなかった。時折雨が降り、人々の作物をうるおしたが、世界で唯一の大量の水といえば東シナ海であった。当時この海は、4匹の中国の竜王 — 黒龍、長龍、珠龍、黄龍（後に、伏羲皇帝に、文字という重要な秘密を授けた龍である）のすみかであった。地上のあらゆるものと等しく、この龍たちも皆、天帝（天公、あるいは玉皇上帝としても知られる）の統治下にあった。天帝は、臣下とともに雲の遙か上にある天宮に住み、そこから世界の出来事を監視していた。

さてある日、地上のあらゆる物事があるべき姿でないことに珠龍が突如気づき、4匹の竜王は、空を飛びまわるために海から現れた。長いあいだ雨が降らなかったために、畑の作物はしおれて黄色に変色し、人々はすっかりやせこけてしまっていた。珠龍は、人々が果物や菓子、その他の供物を捧げて天帝に祈るのを見た。

「ああ、偉大なる天帝様」

背に小さな男の子を負った、とりわけやせた女性が大声で叫んだ。

「子どもたちに食べさせるお米が育つように、どうか雨をお降らせください！」

珠龍がこの様をほかの竜王に告げると、彼らは皆大いに心配した。

「すぐに雨が降らなければ、この哀れな者たちは死んでしまう！」

と黄龍は叫んだ。

「すぐに天帝に助けを求めねば！」と長龍が言った。

こうして、４匹の竜王は雲の中へ急いで飛んで行き、天宮にいる天帝を訪ねた。天宮の天帝は竜王たちに会いたくはなかった。天帝は、特別に優美な音楽を楽しんでいたからだ。長龍が進み出て、「陛下、どうかすぐに雨をお降らせください。人々の畑の作物がしおれ、枯れてしまっております」と言った。
しかし、天帝は美しい音楽を聴いていたかったので、長龍の訴えを聞き入れるふりをした。
「うむ、わかった。そなたら４匹は地上にもどるがよい。明日、余が雨を降らせようぞ。」
と天帝は言った。竜王たちはこれを聞いて喜び、地上へと帰った。しかし２週間近くが過ぎても、ただの１滴も雨は降らなかった。そのころ、人々は飢えのあまり草や根を食べようとするほどであった。

竜王たちはその時、今回中国で起きている問題に天帝が関心を払っていないことに気づき、非常に残念に思った。問題を解決できるかどうかは、竜王たちにかかっていた。彼らは皆、何をすべきか考えた。東シナ海をじっと眺めていた長龍が、ついにある考えを思いついた。
長龍は言った。
「我らがすむこの海には、多くの水がある。人々を救うのに、この水を使ってはどうだろう。この水をすくい上げて空に放つのだ。そうすれば、まさに雨のようになるだろう！」
ほかの竜王たちもよい考えだと思った。
しかし、許しを得ず人々を助けたとなれば、天帝の怒りに触れるだろうことはわかっていたので、心配もした。
「いや、天帝の怒りは覚悟の上だ」
と、黄龍が叫んだ。
「ああ」黒龍と珠龍が同意した。
「人々を助けるためなら、必要なことは何でもせねば」

竜王たちは空を行き来し、海から水をすくい上げて口に溜め、雷のような音を立てて陸の方々に水を運び、地上じゅうに放った。

ついに降った雨に地上の人々は喜び、外に出て喜びの踊りを踊った。

すぐに、田畑の米や小麦、モロコシが生き生きとしだした。

しかし、竜王たちのしたことを見ていた海の神が、このことを天帝に報告した。天帝は、竜王たちが自分の許しを得ずに動いたことに激怒し、すぐに天の将軍と軍隊を召集して竜王たちを捕えに行かせた。間もなく、竜王たちは天帝の天宮へと引き立てられた。

「4つの山を持ってくるのだ！」

天帝は山の神に告げた。

「4匹の龍たちが二度と余に逆らわぬよう、縛り付けておけ！」

こうして、山の神は4つの大きな山で4匹の龍たちを押さえこみ、中国の各々の場所に追いやった。

しかし、物語はここで終わらない。人々が二度と水不足におちいることがないように、竜王たちはできることをしようと決心していたのである。彼らは中国で最初の川へと姿をかえ、４つの山から流れ出た。黒龍は遙か北の黒竜江、黄龍は中央の黄河、長龍は南の長江（楊子江）、珠龍は遙か南の珠江となって、４つの河川は、今日まで流れ続けている。

ドラゴン学の中級レベルにまで到達した学生は、自分で計画を立てることができるはずである。自分が住む地域に適した独自の研究計画を立て、本物のドラゴンを研究するべく野外におもむくことができるであろう。助言や手がかりは与えられるが、ドラゴンに関する知識を増やせるかどうか、また、その知識を、もし適していると考える場合は、他の人に伝えるかどうかも、諸君の肩にかかっている。ドラゴンに関して博学であることは、不可欠である。加えて、博物学に関する重要な研究およびドラゴンが出てくる伝説を、いますぐ調べるべきである。あまり知られていないことだが、ドラゴンについて書いているほとんどの著者は、ドラゴン・マスターに自力でなった者なのである。

上級ドラゴン学

警告！
経験を積んだ者のみ
先に進むこと！

第 16 課～第 21 課

第１６課　その１
オーストラリアのドラゴン

絶滅したと誤って考えられている有袋ドラゴンは、ほとんど知られていない種で、熱心な研究に値する。かつてはオーストラリアじゅうに生息していたが、その生息地はいまや、南東のブルーマウンテンズに限定されている。

この奥地のドラゴン・ハンターの装備は、「スタビーズ―いくらあっても物足りない！」という宣伝文句にもかかわらず、実際に流行したことは一度もない。

ベヴ・スタビーの
奥地の奥用
ブッシュハット

お値段はお申し出に応じます

有袋ドラゴンを追跡しますか？
「オールド・ホッピー」にごまかされるな！
ダイヤモンドはドラゴンの最高の友
（ハエよけにもなります）

有袋ドラゴン
ドラコ・マルスピアリス

- **すみか**：ブルーマウンテンズのユーカリの森にある岩の洞穴。
- **体のサイズ（成獣）**：体長7.6メートル、体高4.6〜5.5メートル。
- **体色**：緑、または青みがかった色。
- **攻撃法**：火を吐く、尾で打つ、足で蹴る、「こぶし」で殴る。
- **食べ物**：大型の有袋類。時折は小型の獲物。

課題：諸君の地元を知っている人に話しかけ、「ホッピーの穴」や、洞穴、古井戸、すなわち「ナッカー・ホール」のような場所が近くにないか調べよ。

オーストラリアの
ホッピーの穴

カタジュタ（ザ・オルガス）の風の谷という、オーストラリア中央のウルル（エアーズロック）近くにある巨大な岩石群は、伝統的な「ドラゴンの罠」かもしれない。キングスキャニオンの近くの秘密の場所である「ホッピーの穴」も、確かにその1つである。
なぜならそこは、非常に幅のせまい峡谷となっていて、何世紀にも渡って、人間がその下方に有袋ドラゴンをおびきよせて捕まえていたからだ。
悲しいことに、有袋ドラゴンはオーストラリアの他の有袋類と同様に、次第に絶滅に近づいているようだ。その原因は、ある非常に成功した生き物、つまり人間にあるのだ。

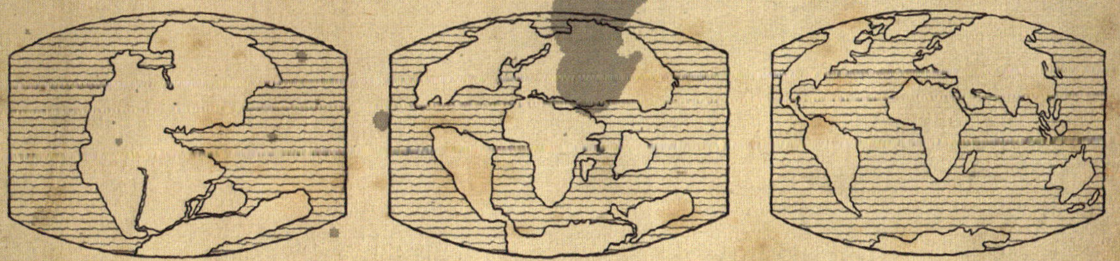

アフリカ大陸、南北アメリカ大陸、オーストラリア大陸は、大昔つながっていたと信じる人々もいる。そうであった証拠はまだないが、なぜ有袋類が南アメリカとオーストラリアに生息するのかの説明がつくかもしれない。

第16課　その2
コカトリスとバシリスク

ドラゴンのようなほとんど知られていない獣を研究する際の最も大きな危険の1つは、それらの生き物について本に書かれていることをすべて信じてしまうことである。中級までのドラゴン学者はこれらの情報を楽しむかもしれないが、上級レベルの者は真実だと思われることと嘘だと思われることを、正確に識別できなければならない。

コカトリスとバシリスクはよく混同される。しかし、コカトリスはドラゴンではなく、羽根のついた始祖鳥の別の子孫であり、半架空上の生き物・フェニックスと同類の生き物でもある。

コカトリスはバシリスクと同様、一瞥で相手を殺すと言われている。しかし、これはもちろん、馬鹿げた説である。
コカトリスは、獲物に息を吹きかけて殺す。

コカトリス

ガリクス・ハリトシス

- **すみか**：地中海沿岸の山中の森林の、通常はマツの木の間。
- **体のサイズ（成獣）**：体長0.9メートル、体高0.3～0.6メートル。
- **体色**：赤、もしくはおそらく緑。
- **攻撃法**：毒の滴を含んだ息。
- **食べ物**：出くわしたものならなんでも。ただし、ヒキガエルとヘビは食べない。

あと2年と3か月で……

伝説によると、メンドリの卵がヘビかヒキガエルによってかえされた時にコカトリスが生まれるという。実際には、ヒキガエルとヘビは本物のコカトリスの卵をかえすのを手伝うだけであり、コカトリスが攻撃しない数少ない生き物である。

バシリスクの真実と作り話

作り話：バシリスクは存在したこともない、架空の生き物である。
真実　：バシリスクは姿を変える生き物なので、発見が難しい。
作り話：バシリスクは相手を一瞥で殺せる。
真実　：バシリスクに噛まれても、その毒の解毒剤はない。
作り話：バシリスクは若いオンドリの頭をもったヘビのような姿をしている。
真実　：本当の姿がどんなものか、知る者はいない。
作り話：バシリスクの作り話は、大プリニウスのコブラに関する記述から始まった。
真実　：軒下にバシリスクの死骸を吊すと、クモやツバメは家に入ってこない。

この絵は、ドラゴンの子どもの姿に化けたバシリスクだと考えられる。しかし、絵描きは、出くわしたものならなんでも食べてしまうというバシリスクに出会っても生きて帰ってきたので、真実ではないかもしれない。

バシリスク

ドラコ・バシリスコス

⚜すみか：白亜質の丘陵地帯の、ブルーベルの森の中。
⚜体のサイズ（成獣）：体長 12.2 メートル、体高 0.6 ～ 0.9メートル。
⚜体色：茶色、または緑色。
⚜攻撃法：非常に毒の強い噛み付き。
⚜食べ物：出くわしたものならなんでも。柔らかい肉を好むので、若ければなおよい。

野生のドラゴンを研究する学生は、バシリスクを捜しにいく時は鏡を持っていく。これは、バシリスクが2つの敵 ― 学生と鏡に映った自分の姿に出会った時、鏡に映った姿をより危険な存在と判断して鏡を攻撃するからである。その間に、学生は記録を書きとめることができる。

課題：他の動物に関する、本当の（しかし驚くべき）事実と、嘘の（しかし広く信じられている）説の一覧表を作れ。

第16課　その3
アメリカのドラゴン

南北アメリカは、数種の非常に興味深いドラゴンのすみかであり、アメリカのドラゴン学協会が大規模に研究を行ってきた。

アンフィテール
ドラコ・アメリカヌス

アンフィテールの尾の羽毛は、羽毛のなかでも最も扱いが難しい。

このドラゴンの羽毛は、1.2メートルに及ぶものもある。羽根ペンにしたとすると、人力で動かすのに少なくとも2人の人間が必要であろう。

この恐ろしい生き物の体長は13.7メートルもあり、翼は広げると9.1メートルにも達する。また、長さ1.8メートルに及ぶ巨大な舌を持つ。

小さな獲物（例：人間）を攻撃する際には、アンフィテールは尾の先を用いて相手を絞め殺す。

メキシコの伝説には、時には人間の姿をし、またある時には羽毛の生えたヘビの姿をしたケツァルコアトルという神が登場する。アステカ族の巨大なピラミッド型建造物にはこの神の像がよく飾られている。しかし、スペイン人による南北アメリカの征服・植民地化について述べた「インド諸国に関する公文書」には、アンフィテールの記録は見当たらない。入植を促すために、アンフィテールのことは隠されたのかもしれない！

アンフィテールは非常に孤独を好む生き物である。しかし毎年、大きな群れを作って、メキシコ湾の遙か上空を飛ぶ。これは、種の雌と雄が集まって繁殖するためだと考えられている。群れを作るのは短時間で、すぐにドラゴンたちは散らばり、すみかに戻る。

右の毛皮に覆われたドラゴンは、蛾ドラゴンとして知られている。夜行性で、北アメリカの平野にすむ。明確な脚を持たないという点で、アンフィテールに似ていると考えられている。

蛾ドラゴン（アメリカアンフィテール）

ドラコ・アメリカヌス・テックス

蛾ドラゴンは夜にバッファローを狩る。群れをうろたえさせ、狩りに都合のよい近くの崖の上にまで追いやるのである。キャンプファイヤーの光に引き寄せられることがよくある。

すみか：巨石・大岩の間に作った巣。
体のサイズ（成獣）：体長 4.6 メートル、体高 2.4 ～ 3.0 メートル。
体色：多種多様な色。
攻撃法：獲物をこわがらせる。
食べ物：バッファロー、ムスタング、その他平野に生息する大型の生き物。

下のドラコ・アメリカヌス・インコグニトは、他のドラゴンよりも、正体を隠すことに長けている。アマゾンの深いジャングルにすんでいるが、その姿や習性についてほとんど何も知られていない。

課題：ドラコ・アメリカヌス・インコグニトがどんな姿であるかを描け。

第 17 課　その 1
ドラゴン飼育の手引き

上級の学生になれば、親のないドラゴンの卵を引き取ることを、S.A.S.D. に申請することができる。ドラゴンの子どもを育てるのは、ドラゴン研究に大いに役立つであろう。よって、ドラゴンを放した後も、そのドラゴンの「観察」は続けるべきである。

燃えている石炭で巣を作り、その上に卵を置いて、36 か月（3 年）間石炭を燃やし続ける。卵が動きだすのを確認したら、大きなハンマーで卵を強く打ち、ドラゴンの子どもがかえるのを手助けする。

23日目
リトル・トーチャー（私がそう名づけた）は、いま、
ちょっとした問題児になっている。宝物に見せ
かけるために光る紙で注意深く包んだ小石にも、
もはや騙されない。彼が、本物の宝石を狙って
いたのはまちがいない。その時、彼は、火打石
をたまたま見つけ、私が作業場の隅に作った彼
のための巣を燃やし始めた。火打石は取り上げ
たが、これからも問題が起こるのではないかと
非常に心配だ。実際、もしも彼が私に怒ったと
なれば、私は、作業場の備品全部について心配
しなければならなくなるだろう。リトル
チャーが、自分の炎の力は人を恐れさせてい
と知ったら、彼はあらゆるもの、私の記録にま
で火をつけてしまうかもしれない！　彼に
から興味を持つものはないのだろうか

覚えておくべき非常に重要なことは、個人記録帳をつけることである。野外で役立つのみならず、赤ん坊のドラゴンを育てようとする者にとっては、きわめて重要な手引きとなるであろう。左の、私自身の記録帳の１ページを参考にせよ。

ドラゴンの子どもを健康で満足した状態にしておくためには、たとえ日曜日の昼食時であっても、いけにえを作らなければならないかもしれない。

親愛なるドレイク博士へ

ぜひ、親のないドラゴンの卵を引き取りたく思います。なぜなら………

敬具

親のないドラゴンの卵を引き受けたいと思ったら、まずS.A.S.D.に手紙を書いて、申請する必要がある。ドラゴン科学にどのような貢献をしたいかのみを説明するのがよい。依頼状は簡潔で的を得たものにするべきである。

ドラゴンの子どもを育てるには、まず次のような飼育計画を練らねばならない。

1. 育てる場所。耐火性の建物が必須である。
2. どうやって餌をやるか。どうやって清潔にしてやるか（ドラゴンは風呂嫌いである）。
3. どうやって訓練するか。どうやって扱うか（学校のいじめっ子を追いかけさせるのは禁止）。
4. どうやって有害な行動に、優しく対処するか。
5. どこに、いつ、どうやって放すか（隣人の庭に放すのは禁止）。

これらの質問に答えを出すまで、子育て作業を始めるべきではない。何かが欠如している場合（餌をやるための資金や育てる場所など）、まずはそれらを手に入れる努力をしなければならない。努力の一環として、諸君のドラゴン学の財源を得られるような職業に就くために、他の学問に従事する必要があっても、それはそれでよい！

課題：赤ん坊のドラゴンを世話する計画を立てよ。その後、卵を手に入れよ。

第１７課　その２
ドラゴンの応急手当

サメやクロコダイルと同様、ドラゴンはたいていの伝染病に対して抵抗力があるが、子どもはのどの病気に感染しやすい。これは、ドラゴンは体内にある可燃性の毒液を使って炎を吹くが、この毒液への抵抗力が発達してのどの柔らかい組織が固くなるのに、いくらか時間がかかるからであろう。子どものうちは、誤って毒液を飲みこむと、のどが腐食することもある。即座に手当をしないと、痛みや腫れが生じてしまう。

ドラゴン学者にとって、自分の育てるドラゴンが病気でふさぎこんでいる様を見ることほど、胸が引き裂かれるような思いをすることはない。トーチャーはよくのどの病気にかかった。病気の徴候は、翼と角が全体的に垂れ下がることだ。

「ああ！　やっとまた火が吹けるようになった！」
一価格一
3シリング
6ペンス
ドレイク博士ののど薬
のどの痛み・炎症の最高の治療薬

かわいそうなトーチャーも、私が特別に調合したのど薬を１回服用したら、すっかり回復し、また以前のようにいたずらをするようになった。ドラゴンにのど薬を飲ませるのは、言うほど易しいことではないが……。

ドラゴンの病気に関する助言

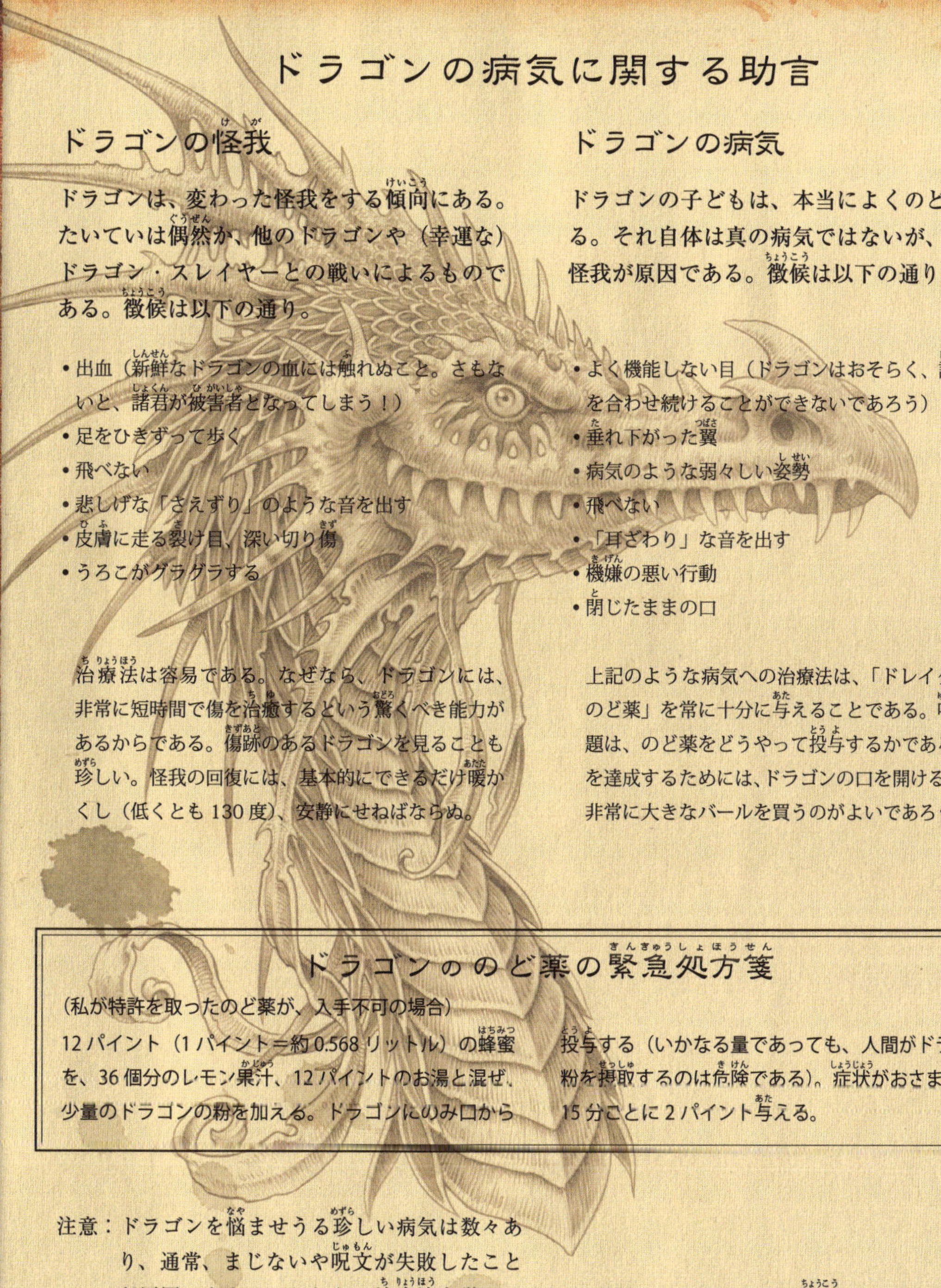

ドラゴンの怪我

ドラゴンは、変わった怪我をする傾向にある。たいていは偶然か、他のドラゴンや（幸運な）ドラゴン・スレイヤーとの戦いによるものである。徴候は以下の通り。

- 出血（新鮮なドラゴンの血には触れぬこと。さもないと、諸君が被害者となってしまう！）
- 足をひきずって歩く
- 飛べない
- 悲しげな「さえずり」のような音を出す
- 皮膚に走る裂け目、深い切り傷
- うろこがグラグラする

治療法は容易である。なぜなら、ドラゴンには、非常に短時間で傷を治癒するという驚くべき能力があるからである。傷跡のあるドラゴンを見ることも珍しい。怪我の回復には、基本的にできるだけ暖かくし（低くとも 130 度）、安静にせねばならぬ。

ドラゴンの病気

ドラゴンの子どもは、本当によくのどを痛める。それ自体は真の病気ではないが、内部の怪我が原因である。徴候は以下の通り。

- よく機能しない目（ドラゴンはおそらく、諸君と目を合わせ続けることができないであろう）
- 垂れ下がった翼
- 病気のような弱々しい姿勢
- 飛べない
- 「耳ざわり」な音を出す
- 機嫌の悪い行動
- 閉じたままの口

上記のような病気への治療法は、「ドレイク博士ののど薬」を常に十分に与えることである。唯一の問題は、のど薬をどうやって投与するかである。目的を達成するためには、ドラゴンの口を開けるために、非常に大きなバールを買うのがよいであろう。

ドラゴンののど薬の緊急処方箋

（私が特許を取ったのど薬が、入手不可の場合）

12 パイント（1 パイント＝約 0.568 リットル）の蜂蜜を、36 個分のレモン果汁、12 パイントのお湯と混ぜ、少量のドラゴンの粉を加える。ドラゴンにのみ口から投与する（いかなる量であっても、人間がドラゴンの粉を摂取するのは危険である）。症状がおさまるまで、15 分ごとに 2 パイント与える。

注意：ドラゴンを悩ませうる珍しい病気は数々あり、通常、まじないや呪文が失敗したことが原因でかかる。これらの治療法を学ぶことは、ドラゴンの獣医師になるための特別な勉強となる。

課題：ドラゴンの病気の徴候を読み取れるようになれ。これで、いざという時に、諸君は適切な助けを与えられるだろう。

第18課
ドラゴンを描く方法

この課が上級ドラゴン学の一部として扱われるのには、理由がある。ドラゴンを正確に描くこと — どんな博物学者にとってもこれは不可欠な技術である — を学ぶためには、野外で彼らに十分近づかなくてはならないからである。また、ドラゴンを描くときにははやさが命だということも覚えておくべきだ。なぜなら、概してドラゴンは、最高の「モデル」ではないからだ。

ドラゴンを描く時は、横道にそれないようにせよ……。
眠っているドラゴンは、目覚めないかぎり、格好の「静物画」のモデルとなる。
飛んでいるドラゴンは、やりがいのある研究対象である。

翼の形に注意して描くこと。

頭部の詳細を……

ドラゴンにこんなに近づくには、
勇気と決心がいる。

うぬぼれの強いドラゴンもいるかもしれない。
もし自信があるのなら、諸君の作品を彼らに
見せてみるとよい。

課題：練習としてこの本の挿絵をスケッチすることから始め、
それから、本物のドラゴンを描きに出かけること。

第 19 課
ドラゴン文字を発明する

ドラゴンは、みずからが作り出したドラゴン文字を、長年愛用している。諸君がそれを書くことができれば、非常に便利だ。しかし、同じドラゴン学者からさえも、メッセージの内容を隠さねばならないことが多々ある。そうした場合に備えて、諸君独自の文字を発明するのはよい考えだ。友好的で読み書きのできるドラゴンなら、まず問題なくその文字を覚えてくれるだろうし、おそらく、その新しい文字を使えるようになれば、おたがいの意思疎通がおもしろく、より魅力的なものになると考えるだろう。もちろん、諸君の仲間のドラゴン学生に新しい文字を試してみるのもよい。以下はドラゴン文字の例である。1つは古代エジプトの象形文字に基づいており、もう1つは新しく発明されたものである。

下の文字は古代エジプトのアルファベットに基づいている。いくつかの母音が表されていないので、日常の使用に適するように改造する必要がある。

ランバート文字は、英語のアルファベットに基づいているが、非常におおざっぱなので読むのが難しい。この文字は、有名なドラゴン学者である、J. ランバートによって発明された。

古代エジプトのアルファベット
a
a
b
d
f
g
h
h
i
j
kh
kh
k
m
n
p
q
r
sh
s
tj
t
w/u
y

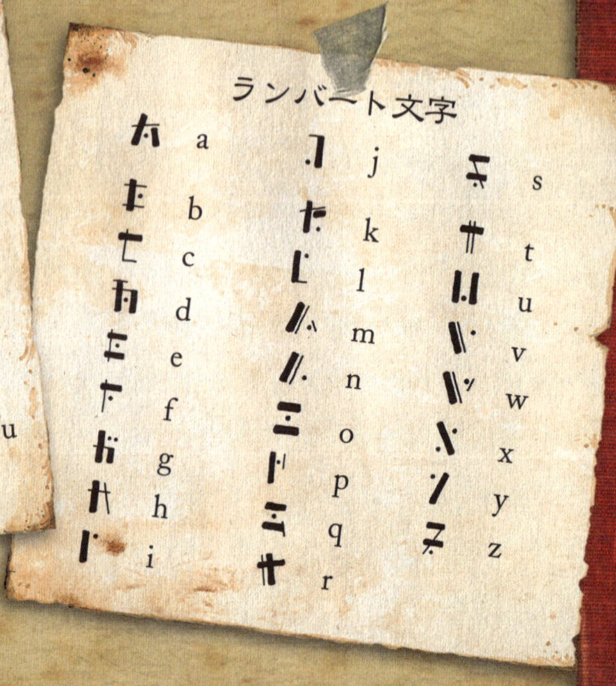

ランバート文字
a
b
c
d
e
f
g
h
i
j
k
l
m
n
o
p
q
r
s
t
u
v
w
x
y
z

INVENT YOUR OWN DRAGON SCRIPT AND WRITE IT IN THE BOX ON THE RIGHT. PRACTISE USING YOUR NEW SCRIPT WITH YOUR FRIENDS.

＿＿＿＿＿＿＿＿文字

＿ a	＿ j	＿ s
＿ b	＿ k	＿ t
＿ c	＿ l	＿ u
＿ d	＿ m	＿ v
＿ e	＿ n	＿ w
＿ f	＿ o	＿ x
＿ g	＿ p	＿ y
＿ h	＿ q	＿ z
＿ i	＿ r	

独自に文字を生み出す場合、単純に1つの記号に1つの文字（「a」や「あ」など）を当てはめるより、もっと複雑な文字にしたいと思うかもしれない。例えば、単語ごとに特別な記号を用いれば、それは可能である。一般に、「夕食」「～でない」「私に（を）」といった言葉は、ドラゴンとの会話で繰り返し登場するはずだ。下に、ランバート文字から派生させたルールにより、例をいくつかあげておく。

YOUR

夕食　～ではない　私に（を）

課題：USE YOUR NEW SCRIPT TO WRITE SECRET MESSAGES

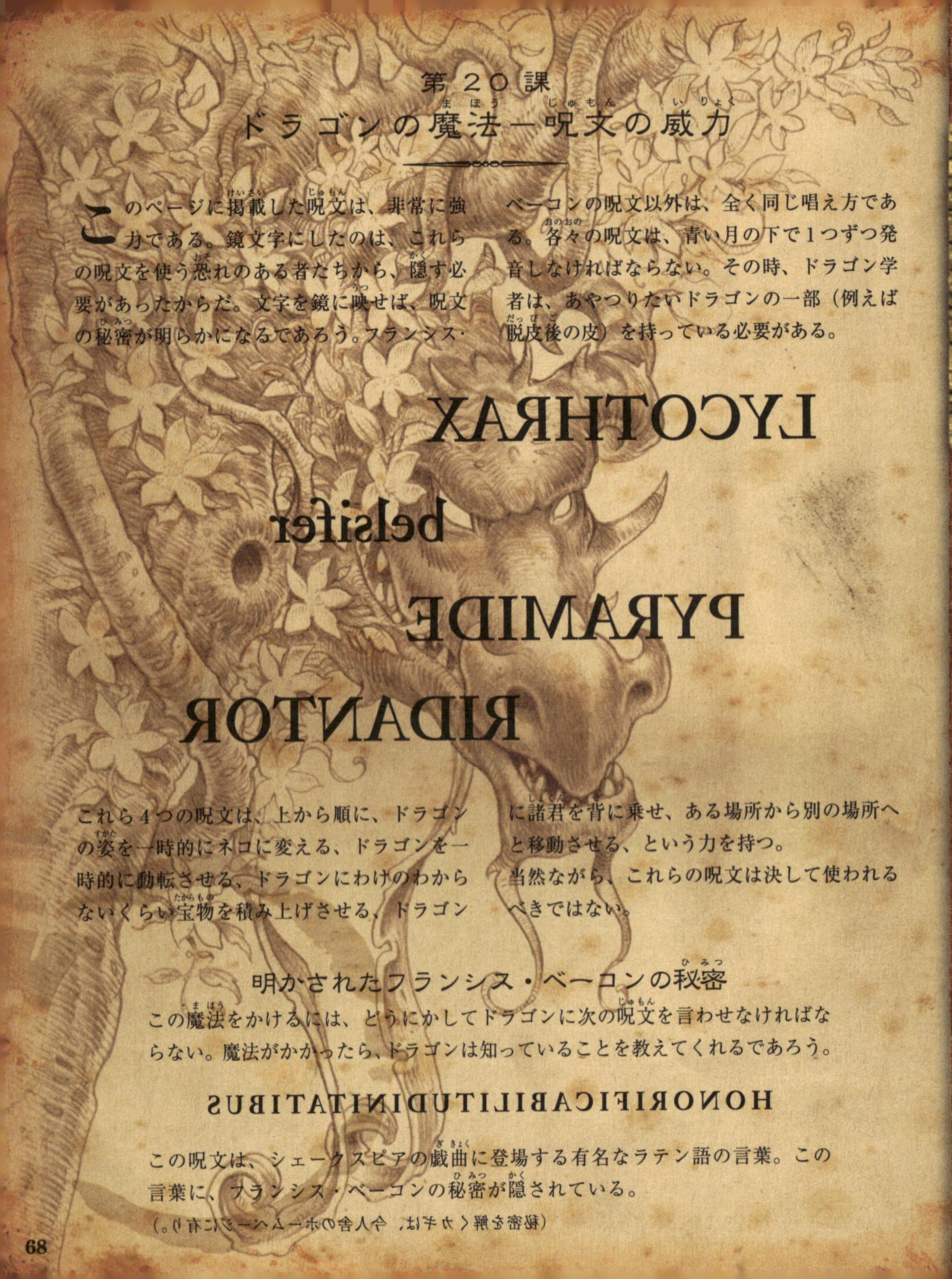

第20課
ドラゴンの魔法―呪文の威力

このページに掲載した呪文は、非常に強力である。鏡文字にしたのは、これらの呪文を使う恐れのある者たちから、隠す必要があったからだ。文字を鏡に映せば、呪文の秘密が明らかになるであろう。フランシス・ベーコンの呪文以外は、全く同じ唱え方である。各々の呪文は、青い月の下で1つずつ発音しなければならない。その時、ドラゴン学者は、あやつりたいドラゴンの一部（例えば脱皮後の皮）を持っている必要がある。

LYCOTHRAX

belsifer

PYRAMIDE

RIDANTOR

これら4つの呪文は、上から順に、ドラゴンの姿を一時的にネコに変える、ドラゴンを一時的に動転させる、ドラゴンにわけのわからないくらい宝物を積み上げさせる、ドラゴンに諸君を背に乗せ、ある場所から別の場所へと移動させる、という力を持つ。
当然ながら、これらの呪文は決して使われるべきではない。

明かされたフランシス・ベーコンの秘密

この魔法をかけるには、どうにかしてドラゴンに次の呪文を言わせなければならない。魔法がかかったら、ドラゴンは知っていることを教えてくれるであろう。

HONORIFICABILITUDINITATIBUS

この呪文は、シェークスピアの戯曲に登場する有名なラテン語の言葉。この言葉に、フランシス・ベーコンの秘密が隠されている。

（秘密を解くカギは、今人舎のホームページに有り。）

ディー博士の鏡

この魔法(まほう)を使えるかどうかは単純(たんじゅん)に、呪文(じゅもん)を唱える者の腕次第(うでしだい)である。しかし、鏡の配置が難(むずか)しい。唱える前に、すべての呪文を、同時に正しい向きで見られるようにしなければならないのだ。

見えぬはずのものが鏡に見える時
オースラックスが来たりて、拒(こば)めぬ運命を告げるであろう
吠(ほ)え暴れ、暴れ吠え、火炎(かえん)を噴(ふ)き出し叫(さけ)びていわく
「オースラックスは我(わ)が名ぞ。誰(だれ)がそれを否定(ひてい)できようか！」

我は言う、オースラックスよ、オースラックスよ、しずまりたまえ
谷の上・中を通り抜け、あるいはどこか遥か上空、どこを飛ぼうとも
ああ、我のところへ来たまえ、我につぶやきたまえ、角ばった頭を横たえたまえ
薄れゆく光の中で、そなたの宝のしとねのありかをささやきたまえ

宏偉(ホンウェイ)のドラゴン変身の呪文(じゅもん)

宏偉(ホンウェイ)のドラゴン変身の呪文(じゅもん)は非常に強力であり、術者の姿(すがた)を老齢(ろうれい)で博識な中型の龍(りゅう)に変える力がある。この魔法(まほう)をかけるには、バシリスタの血を混ぜたドラゴンの粉を5オンスをつかみ、以下の呪文を繰(く)り返し唱える。

ウー　ツェン　ヘン　シェ　ウゥ　チァオ
勿憎恨蛇無角

この魔法は丸3日間もつ。呪文の大まかな意味は、「角がないヘビを嫌(きら)うなかれ……」である。これは、「ひょっとすると、ある日ドラゴンになるやもしれぬのだから！」で終わる有名な文句の最初の部分である。この呪文は、注目すべき宏偉の『龍経(りゅうきょう)』第2節の中間あたりに出てくる。

課題：このページの内容を記憶(きおく)したら、ページを永遠に封印(ふういん)するか、破りすてよ。よこしまな者の手に渡(わた)してはならぬ！

第２１課

冒険（ぼうけん）に出発せよ

最新のドラゴン追跡装備（ついせきそうび）を身に付け、頭にはあふれんばかりの知識やドラゴンへの思いやりを備えた上級ドラゴン学者よ。いざ冒険の人生に出発せよ！

私の講座を終えた学生諸君へ

親愛なる同志のドラゴン学者よ

いまや諸君は上級レベルに達した。いまも生き残るドラゴンを保護せんと決心を固めたドラゴン学者に、今後つきまとうであろう危険について、私が念を押す必要はない。ただ最後に、以下のことには言及しておいてもよいだろう。

ドラゴンはもちろん妖精やエルフを信じない者による嘲笑、知識や科学よりも金や不正な利益をほしがる一部のドラゴン学者の無法なやり方、そして、遭遇する生き物たちにほとんど関心を払わず、利益を得るためだけにこの世界を隅々まで開発しようとする者たちの破壊的なやり方──そういったものの存在についてである。我々ドラゴン学者は、これらすべてに対処せねばならない。勇気を持って対処せねばならないのである。

私は、いままさにドラゴンをこれほどまでに深く理解した諸君が、その知識を無分別に使うようなことは決してないと確信する。研究の過程で、きっと諸君は、ほかのドラゴン学者に出会うであろう。彼らは容易に見分けがつく。特別な道具を持っているからだけでなく、情熱を持ってあらゆることを学ぼうとしているからである。諸君は喜んで、新たにドラゴン学者の組織を作るかもしれない。もし実現すれば、研究に従事するにあたり、より素晴らしい力を手にできるであろう。

覚えておいてほしいことは、十分熱心に、十分長く力を尽くすことが重要だということだ。諸君は自身のドラゴンの伝説のためだけでなく、ドラゴン学が広く受け入れられるための、さらなる一歩のために生きることになるであろう。それは、ドラゴン学にたずさわる者にとって、この上ない喜びである。

諸君とドラゴン学に幸あれ。

アーネスト・ドレイク

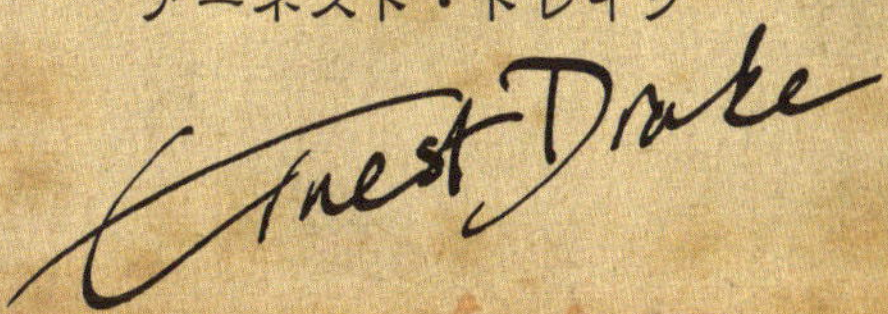

結び
ドラゴン学協会の設立

本書の講座を修了させたドラゴン学者が、ほかのドラゴン学者の仲間を探し出してドラゴン学協会を組織し、知識を分かち合い、探検と実験を共に始める時が来た。

こういった協会には決まりが必要であるが、右の現代ドラゴン学協会の設立宣言を手本にすることを薦める。

これは、1774年にS.A.S.D.から分かれた、アメリカドラゴン学協会の創始者によって作られたものである。これに、諸君の協会の名前と設立した日付を加え、参加したいメンバーに署名を頼むとよい。

注意：S.A.S.D.には決まりがない。そのかわりに、ドラゴン慣習法が適用されている。

現代ドラゴン学協会
設立宣言

従来、ドラゴン学者は独立した存在である。しかしドラゴン学の営みにおいて、
ドラゴン学者がドラゴン学協会のメンバーとしてほかの学者たちと結束するこ
とは必要なことである。またそれによって、ドラゴン学者は、ドラゴンに対し
てと同様に、自然に対して一定の責任を負う必要がある。そして、人類の意見
をしかるべく尊重するならば、新しく組織した協会を運営する決まりを宣言す
ることが必要とされるであろう。

我々は以下の諸事実を自明の真理とみなす。人間がその並はずれた能力によっ
て地球上で継続的に発展したがために、生存するドラゴンが皆、絶滅という恐
ろしい脅威の下にさらされているということ。しかしドラゴンにも、すべての
知覚力のある生物と同様に、生命、自由、そして財宝の追求へのおかすべから
ざる権利が与えられているということ。ドラゴンを信じ体験したことがきっか
けとなり、彼らの権利を守るべく人間の間でドラゴン学協会が設立され、生き
残ったドラゴンを研究・保護すること。この重要な任務に関して、ドラゴンの
存在を信じないか、あるいは信じないと主張する者には、常に秘密かつ曖昧、
無言を貫くこと。いかなるドラゴン学協会であっても、これらの趣旨に反する
場合、協会を廃止すること。そして新たに、ドラゴン学者の任務を達成しドラ
ゴン学という素晴らしい科学を進歩させるのにふさわしいと認められる確固た
るドラゴン学的原理に基づいて協会を設立し、またそのように認められる形で
協会を組織することが、メンバーの権利であること。

ゆえに、このドラゴン学協会の代表たる我等は、この宣言に署名することに
よって、________年___月___日より、以後________________ドラゴン学
者協会と称するドラゴン学協会を設立したことを厳粛に宣言する。

ドラゴン学専門用語解説
その１

アーネスト・ドレイク博士	イギリスのセント・レオナードの森出身の紳士。ドラゴンに関する真の知識を広めることを使命とする。
アヴェロカ	メキシコのグアダラハラにすむドラゴン。ドレイク博士は、1872年メキシコ旅行中に初めて遭遇した。名前の意味は、狂った鳥。
アミュレット	魔法による保護を目的に身に付ける装身具。お守り・魔除けの一種。
アンフィテール	ヘビのような容姿のドラゴン。非常に大きく、羽毛がある。おもに北・中央・南アメリカで目撃される。
オールド・ホッピー	ブルーマウンテンズに移住するよりレッドセンター（赤土の荒野）にすみ続けることを選んだ、オーストラリアの恐らく最後の有袋ドラゴン。
ガーゴイル	ゴシック教会の屋根などにあるガーゴイル（怪獣の形をした雨どいの受け口）そっくりに変装する、フランスのドラゴン。現地ではガルグイユとも呼ばれる。時に、非常に長い首を持つと言われる。
コカトリス	しばしばドラゴンと同族の生き物として考えられ、バシリスクと混同される。実際には、バシリスクとコカトリスの進化は異なる。
サラザール	リフ山地の部族民に対してめずらしく友好的だったワイバーン。滑るように進む癖がある。
食物連鎖	特定の生息地にすむ生き物の一団の関係を、もっとも明確に表すもの。
ソーファックス	アーネスト・ドレイク博士が若かりし頃に広く研究した、イギリスのヨーロッパドラゴン。
タリスマン	通常、神秘的な記号や文字が刻まれており、身を守るために身に付けるお守り。小さな石やその他のもので作られている。

ドラゴン　巨大でうろこにおおわれ、通常翼があり、炎の息を吐く生き物。ドラゴン学者の研究対象である。

ドラゴン学　ドラゴンの研究。完成させるためには、野生のドラゴンの研究だけでなく、ドラゴンの伝説の研究も必須である。

ドラゴン学者　ドラゴンという気高い生き物を、科学的側面や伝説などから研究する者。

ドラゴンの粉　巣ごもりをする母親ドラゴンが吐き出した息が凝結したもの。多くの用途がある。

ドラゴンののど薬　ドレイク博士が発明した、ドラゴンを治療するための調合剤。くわしい処方箋は63ページ参照。

ドラゴンのはりぼて　見張っているドラゴンの目をごまかすための、扮装の一種。耐火性の素材を使い、ドラゴンに模して作られるべきである。

ドラゴンの目　真にドラゴン・マスターとなるべき新進ドラゴン学者の姿をはっきりと映しだす、非常に強力な魔法の宝石。

ドラゴンの罠　伝統的にドラゴン狩りに使用されている天然岩の呼称。天然の「エビ取りかご」の一種。

ドラゴン・マスター　ドラゴン学に関するあらゆることに精通していることから、ドラゴン保護には欠かせない存在。

謎謎の達人　謎謎の解読・組み立てに精通しており、多くの謎謎の難問を切り抜けてきた者。

ナッカー　地下の穴や深い井戸にすむ、実際に飛ぶことはできない小型の西洋のドラゴン。

ドラゴン学専門用語解説
その２

ナッカー・ホール	あらゆるナッカーのすみかの一般的な呼称。とりわけ、イギリス・サセックス地方のライミンスター近くのものを指す。
バシリスク	ブルーベルの森と白亜質の丘陵地帯にすむドラゴン。相手を見つめただけで殺せるという、間違った考えが広まっている。
伏羲	黄河の黄龍より文字表記の秘密を授かった、伝説に名高い中国の皇帝。
プティット・ダン	友好的なフランスのガーゴイル（現地ではガルグイユとも呼ばれる）で、アーネスト・ドレイク博士の腹心。パリのシテ島にすんでいた。
フロストドラゴン	西洋のドラゴンの北方種。体色を淡くし、夜行性となったことで、極地の環境に順応した。
ベーオウルフ	古英語の詩に登場するドラゴン・スレイヤー（退治者）の英雄。怪物グレンデルやグレンデルの母親、そしてドラゴンと戦った。
マーリン	西洋のドラゴン学の創始者。またの名をエムリスという。相当重要な魔術師でもあった。
有袋ドラゴン	オーストラリアにいる、もっとも一般的なドラゴン。子どもを火のように熱い袋の中で育て、青い煙を吐く。
ヨーロッパドラゴン	炎を吐く典型的な西洋のドラゴン。翼、うろこ、矢じりのような尾、かぎ爪、角をもつ。
ラムトン・ワーム	イングランド北方の伝説に登場するドラゴン。伝説の舞台は十字軍の時代。このドラゴンはナッカーのようだ。
龍	この呼称は中国語に由来している。東洋のドラゴンの中でも、とくに、大きく、一般的な種。

リンドルム	時に単にドラゴンのことを指すこともあるが、特に、特徴のある２本脚を持った、翼のない東洋のドラゴンを指す。
ルーン文字	ゲルマンや北欧の国々で古代ギリシャ文字から発展したといわれる文字。フサルクともフソルクとも言う。実際は、ドラゴンが授けたもの。
龍偉	中国南東の山中にある僧院、宏偉寺にすむ龍。
ワイバーン	全てのドラゴンのなかで最も大きい、２本脚のドラゴン。本来、アフリカやアラビアにすむ。

今人舎注記

興味深いことに、ドレイク博士の原書には、のり付け仕様のステッカーが付いていた。ヴィクトリア時代には、学習とは非常に真面目に行われるものだと見る傾向があり、ジョークやユーモア、楽しさという点がほとんどなかった当時の教科書としては、これは非常に珍しいことである。明らかに、ドレイク博士は、教育と同時に楽しませることも目的としていたのであろう。そこで、今人舎は、博士のステッカーをここに再現した次第である。ただし、元のようなのり付け仕様ではなく、シール仕様とした（シールの入手方法は、愛読者ハガキを見るがよい）。このシールが、講座を受ける学生の楽しみとなることを祈ると同時に、いくつかのシールはアブラメリアンの「ドラゴンを惹きよせるお守り」を作る際に有用かもしれないと述べておこう。

ドラゴン学入門　21課のドラゴン学講義

編／ドゥガルド・A・スティール
訳／こどもくらぶ

2009年10月25日　第1刷　発行

編　集／中嶋舞子・古川裕子
発行者／稲葉茂勝
発行所／株式会社今人舎
〒186-0001　東京都国立市北1-7-23
TEL 042-575-8888　FAX 042-575-8886
ホームページ　http://www.imajinsha.co.jp

80ページ　22cm　NDC933　ISBN978-4-901088-66-4

今人舎ホームページには、本書中の謎謎やドラゴン文字などの解読を紹介しています。

THE SECRET AND ANCIENT SOCIETY OF DRAGONOLOGISTS

VIM PROMOVET DRACONIS

神秘といにしえのドラゴン学者協会は
誇りを持って授与する

修　了　証

殿

貴殿が21課のドラゴン学講義を修了したことを
ここに証する。

アーネスト・ドレイク

Ernest Drake

関係者各位：この修了証を持つ者は、ドラゴンが発見されればどこであろうと、
その保護活動を指揮することを特別に許可されている。